마흔에 혼자 읽는

주역 인문학

기초
원리 편

세상에서 가장 쉬운 주역 공부

김 승 호 지음

周易

기초
원리 편

마흔에 혼자 읽는

주역 인문학

세상에서 가장 쉬운 주역 공부

다산
초당

세상의 이치를 깨닫기 위한
첫걸음

공자(孔子)는 죽음을 앞두고 이런 말을 했다고 한다.

"하늘이 내게 몇 년 더 수명을 빌려준다면 주역을 다 배워 큰 허물을 면할 텐데(加我數年 卒以學易 可以無大過矣)."

공자가 평생 동안 주역을 옆에 두고 가죽 끈이 3번 끊어지도록 읽었다(韋編三絶)는 이야기는 널리 알려져 있다. 공자가 그토록 주역에 매달린 이유는 무엇일까? 그것은 주역에 우주 대자연의 섭리가 모두 망라되어 있기 때문일 것이다. 실제로 주역을 살펴보면 천문, 지리, 사회, 문화 등 수많은 것을 아우른다는 것을 알 수 있다.

공자가 주역을 만난 것은 50세에 이르러서였다. 그동안 공자는 세상의 수많은 것을 이미 터득했지만 천지의 이치를 찾으며 그 근원이 무엇인지를 끊임없이 알고자 했다. 그래서 그는 삶에 대해서 이렇게 말했다.

"아침에 도를 깨달으면 저녁에 죽어도 좋다(朝聞道 夕死可矣)."

삶의 목적이 오로지 깨달음에 있었던 것이다. 그런데 주역
은 만물의 근원을 밝힘으로써 깨달음에 이르게 하고, 또한 깨달
음을 응용해 인생에 적용함으로써 깨달음 이후에 살아가는 방법
까지 밝히고 있다. 공자가 그토록 주역을 좋아했던 데에는 그만
한 이유가 있었던 것이다.

과학자 알버트 아인슈타인(Albert Einstein) 역시 주역을 좋아했
다. 아인슈타인은 주역이 에센스 중의 에센스라고 말하기도 했
으며, 말년에 이르러서는 머리맡에 항상 주역을 놔두었다고 한
다. 공자를 비롯해 아인슈타인이나 칼 융(Carl Jung)과 같은 수많
은 학자들이 주역을 통해 세상의 거대한 섭리를 찾고자 했다.

나는 50년 전쯤 공자와 아인슈타인의 이야기를 듣고 주역을 공부하기 시작했다. 긴 시간 동안 주역을 공부했지만, 만약 인생을 다시 살 기회가 생긴다면 역시 주역을 평생 공부할 것이다. 공자와 아인슈타인이 그토록 좋아한 주역을 내가 오늘날의 언어로 다시 해석하게 된 것에 대해서 무한한 보람을 느낀다.

나는 오늘날을 살아가는 모든 사람에게 주역이 반드시 필요하다는 것을 밝히고자 이 책을 쓰게 되었다. 그래서 감히 말한다. 주역이 아니면 인생의 넓은 섭리를 다 이해할 수 없다고.

원래 주역은 한문으로 되어 있어서 현대인이 이해하는 데 애를 먹는다. 더군다나 주역은 중국인조차 알기 힘든 고대의 한문으로 쓰여 있다. 나는 주역의 괘상을 직접 설명하는 데 한문은 사용하지 않았다. 누구나 주역을 쉽게 이해하게 하기 위함이다.

나는 독자들이 이 한 권의 책으로 주역이 무엇인지 확연히 알게 될 것이라고 굳게 믿는다. 부디 주역의 섭리를 인생에 적용하여 더 많은 것을 성취하기를 기원한다.

2장

주역의 실체

3장

주역은 어떻게
이루어져 있는가?

4장

세상을 보는 지혜

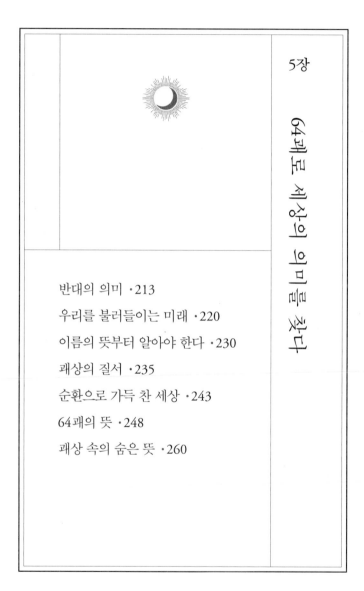

5장

64괘로 세상의 의미를 찾다

만물의 원리는
존재하는가?

최고의 지혜에
도달하는
길을 찾다

인류의 먼 조상은 일찍이 850만 년 전에 출현했다. 이후 인류는 진화를 거듭하면서 차츰 자연의 도전을 물리쳤고 15만 년 전에 이르러서는 만물의 영장으로 확실히 자리매김하게 되었다. 이는 인류가 다른 동물과 달리 직립보행을 하며 손을 자유롭게 사용하고, 이로 인해 두뇌가 발달함으로써 얻어진 결과다. 자연계에는 이제 인류에 필적할 존재가 없게 되었다.

문명이라고 말할 만한 것이 인류사회에 나타난 것은 지금으로부터 3만 년 전이다. 이때부터 인류는 제2의 도약을 하면서 문명의 불꽃을 점화시켰다. 인류의 문명은 처음에 유치하고 미미

했다. 하지만 한번 시작된 문명은 지식을 축적하면서 폭발적으로 발전하게 되었다. 인류의 문명이 점점 고도화되자 자연계를 지배하는 힘은 더욱 커졌고 인간의 지위 역시 확고해졌다. 이제 인간을 영장의 지위에서 몰아낼 존재는 그 아무것도 없다.

그러자 인간끼리의 경쟁이 시작되었다. 인류가 갖고 있는 지능장치로서 두뇌는 더 이상의 진화를 멈춘 것처럼 보인다. 지능장치가 완성에 이르렀기 때문에 생물학적 기능은 더 진화할 필요가 없는 것이다. 하지만 인간끼리의 경쟁에서 앞서가기 위해서는 두뇌의 활동이 남보다 뛰어나야 한다. 그것은 현대의 컴퓨터 용어로 말하면 소프트웨어의 개발이고, 전통적 언어로는 학문의 개발이다. 이는 결과적으로 지혜를 키우는 행위인데, 더욱더 적극적으로 키우기 위해서 '최고의 지혜는 무엇이냐?'는 질문을 던져봐야 한다. 이 질문은 인류가 문명의 역사를 가진 이래 끊임없이 던졌던 것이다.

철학의 목표 역시 지혜의 개발이다. 그리하여 우리를 둘러싸고 있는 많은 문제를 현명하게 해결하고자 함이다. 인생이란 무엇인가? 이 질문도 인생을 통찰하는 지혜가 있어야 풀어낼 수 있다. 우주가 무엇이냐, 생명이 무엇이냐 등의 질문도 마찬가지다.

문제는 어떤 공부를 해야 지혜로워지느냐 하는 것이다. 저 멀리 우주부터 바로 나 자신까지 무엇을 공부해야 하는지, 또한 인생을 살아가는 데 있어 어떤 것부터 공부해야 하는지 우리는 잘 알지 못한다. 하지만 확실한 것은 생존경쟁에 승리하기 위해서는 최고의 지혜를 갖출 필요가 있다는 사실이다. 적보다 앞서기 위해서고, 또는 적으로부터 살아남기 위해서다. 따라서 인간이 최고의 지혜를 향해 나아간다는 것은 삶의 절대적 명제가 아닐 수 없다.

하늘 아래 그 무엇보다도 먼저 갖추어야 할 것이 바로 '지혜'다. 지혜는 미래로 나아갈 방향을 제시해 주기 때문이다. 이제 문제는 단순해졌다. 우리는 최고의 지혜를 찾아야 한다. 그다음에 생기는 문제는 지혜가 제시해 주고 풀어줄 것이다.

그렇다면 최고의 지혜란 과연 무엇일까? 인류가 오랫동안 추구해 왔고 앞으로도 계속 도달하고자 하는 절대 지혜, 우리는 그것을 찾아나가는 과정을 앞으로 만나게 될 것이다.

먼 옛날부터 인류는 최고의 지혜를 탐색하면서, 최우선적으로 만물의 구성에 주목했다. 만물이 만들어진 방식에서 지혜의 원리를 발견하고자 했던 것이다. 온 세상을 만들어내는 것, 즉 만물의 구성보다 더 근본적인 원리가 있을 수 있겠는가?

고대 그리스의 철학자 데모크리토스(Democritos)는 "만물은 원자(原字, atom)로 이루어졌다"고 말했다. 그는 만물이 비록 잡다

하지만 그 근원은 단순하다는 사실을 깨달았던 것이다. 그로부터 3000년이 더 지난 지금, 만물이 원자로 이루어져 있다는 것을 과학적으로 증명해냈다. 실제로 만물은 92가지 재료(원소)로 이루어져 있다. 이들 원소를 배합함으로써 만들어내지 못할 물질들은 이 세상에 존재하지 않고, 존재할 수도 없다.

이러한 근본적 원리는 단순한 것에서 복잡한 것이 만들어진다는 원리와 같다. 이 원리는 '만물의 경제성'이라고도 하는데, '우주는 너무 복잡할 수 없다'는 통찰을 품고 있다. 사회도 마찬가지다. 대단히 복잡해 보이는 사회도 그 내면을 자세히 들여다보면 단순한 원리가 지배하고 있다. 우리가 찾고자 하는 것이 바로 이 단순한 원리다.

원리란 단순해야만 그 구실을 제대로 한다. 복잡한 것은 원리가 없거나 그 원리를 발견하지 못했다는 의미다. 세상에는 항상 원리가 있다. 그것을 찾는 것이 바로 학문이다. 하지만 원리라는 것도 근원이 있으며, 조금 더 깊이 들어가면 원리도 원리에서 나온다는 것을 알 수 있다. 원리가 나오는 최종 원리가 바로 최고의 지혜다.

최고의 지혜는 발명품이 아니라 그저 순수하게 자연에 깃들어 있는 기본 원리를 발견하는 것에 지나지 않는다. 자연에 깃들어 있는 원리를 발견하려면 관찰과 그것을 해석하는 혜안이 있어야 하는데, 인간에게는 이미 그것이 갖추어져 있었다. 따라서 인간이 자신을 통해 만물의 뜻을 밝히는 것은 우리의 기본적인 사명이다. 온 세상이 무엇인지는 인간이 아니면 그 누가 밝힐 수 있겠는가! 인간은 만물의 뜻을 규명함으로써 우리 스스로를 유익케 하고 나아가 자연의 진화에도 기여할 수 있는 것이다.

'만물의 원리를 아는 것이 최고의 지혜에 도달하는 길'이라는 것을 우리는 알게 되었다. 이제 문제는 훨씬 간단해졌다.

세상 모든 것을
설명할 수 있는
이론

고대 그리스의 철학자 탈레스(Thales)는 "만물의 시초는 물"이라고 말했다. 이는 만물의 탄생을 시간적으로 고찰한 최초의 시도였다. 어떤 사물이 존재하려면 반드시 그 시작이 있어야 한다. 세상 역시 시작이 있으며, 탈레스는 그것을 물이라고 본 것이다. 이것은 오늘날 과학으로 보면 잘못된 견해였다. 하지만 만물의 탄생을 순서라는 개념 속에서 찾으려고 한 시도는 탁월하다고 말할 수 있다. 후에 다른 철학자가 이렇게 말했다. "세상의 처음은 불이다."

이로써 세상의 시초에 대한 2가지 견해가 만들어졌다. 이 2가지 견해 중 맞는 것을 찾는다면 불이 먼저 생겼다는 견해다. 불은 에너지를 의미하는데, 우리의 우주에는 에너지가 먼저 존재했다. 물은 우주가 만들어지고 난 뒤 한참 있다가 생성된 것이다.

그러나 옛 철학자들이 말한 것은 오늘날의 에너지나 물 분자를 의미하지 않는다. 그들은 물질 자체보다는 성질을 이야기한 것이다. 물은 "부드럽고 어두우며 혼돈스럽다"는 성질을 가지고 있으며, 이는 곧 우주의 처음이 무질서인 것을 말하고자 한 것이다. 반면 불이라는 것은 밝은 것이고, 이는 곧 질서를 상징한다. 우주가 혼돈에서 점점 질서를 찾게 된 것을 뜻한다.

'혼돈과 질서'는 신화에 등장하는 개념이기도 하지만, 오늘날 과학에서도 우주의 시작은 혼돈스러웠고 차츰 질서가 생겨 지금에 이르렀다는 것을 밝히고 있다. 고대 철학자들은 오늘날 물질과학이 밝히는 그런 내용을 말한 것은 아니다. 단지 그들은 만물의 범주를 표현한 것뿐이다.

범주(範疇, category)란 틀을 말하는 것으로, 만물을 포괄적으로 설명하는 데 있어서 아주 편리한 개념이다.

플라톤의 생각을 살펴보자. 그는 철학자이며 동시에 과학자이다. 플라톤은 '동굴의 비유(simile of cave)'로 유명한데, 세상 만물은 동굴 벽에 비친 그림자에 불과하고 동굴 밖에 실체가 존재한다는 것이다. 그래서 인간은 실체를 봐야 한다고 말했다. 특히 그는 우주 만물의 구성을 범주로 해석하려 노력했다. 이는 우리가 만물을 이해하는 데 있어 탁월한 시각을 제시해 준다.

먼저 배경 설명을 좀 해보자. 정다면체(正多面體, regular polyhedron)라는 것이 있다. 이것은 다면으로 만들어진 입체로, 완전한 대칭을 이룬다. 예를 들어, 정육면체는 정사각형 6개를 붙여서 만든다. 다른 정다면체로서 정사면체가 있는데, 이것은 정삼각형 4개를 붙여서 만든다. 또 어떤 것이 있을까? 정팔면체가 있는데, 이것은 피라미드를 상하로 붙인 모양이다. 정팔면체는 정삼각형 8개를 붙이면 만들어진다. 이외의 다면체로 정십이면체가 있다. 이것은 정오각형 12개를 붙이면 되는데, 축구공이 이와 같은 모양으로 만들어졌다.

마지막으로 정다면체가 하나 더 있는데, 몇 면체일까? 이전에 소개한 정다면체는 4, 6, 8, 12면체였다. 먼저 나온 숫자를 가지고 예측할 수 있을까? 숫자만 보고 생각한 것과 다를 수 있다. 마지막 다면체는 바로 정이십면체이다. 20은 아마 뜻밖의 숫자일 것이다. 그런데 세상에 있는 정다면체는 4, 6, 8, 12, 20면체가 전부다. 다른 정다면체는 결코 존재하지 않는다. 평면 세계에서는 대칭을 이루는 것은 정삼각형, 정사각형, 정오각형, 정육각형, 정칠각형 등 무한히 많다. 그러나 입체 세계에서 대칭을 이루는 정다면체는 오로지 5개뿐이다. 참으로 신기한 일이 아닐 수 없다. 왜 하필 5개이며 4, 6, 8, 12, 20이란 숫자는 또 무엇이란 말인가?

플라톤은 세상에 무수히 많은 사물이 있어도 정다면체는 오로지 5개뿐이라는 사실에 주목했다. 그는 이 5개의 정다면체를 만물의 원소로 생각했다. 우리가 사는 우주 공간은 입체고, 입체는 평등한 데서 시작했으므로, 만물은 5개 정다면체의 집합으로 이루어졌다는 것이다.

플라톤은 재미있게도 사랑이란 정십이면체이며, 증오는 정이십면체라고 주장했다. 사실 여부는 논외이다. 여기서 중요한 것은 사물은 모양이 있다는 것이고, 모든 모양은 기본 원소가 있다는 생각이다. 그는 5개의 정다면체로 우주를 다 설명하려고 했지만 큰 진전은 없었다. 플라톤의 생각은 단순했지만 그 내면에 깔린 사상은 아주 심오한 것이었다. 바로 사물을 물질과 사상이 통합된 존재로 보고 그것이 근원적 원소로 이루어져 있다는 사상이다. 이런 방식으로 세상을 보는 것이 범주론적 세계관이다.

세상에 매우 다양한 범주들이 있다. 예를 들어 식물성, 동물성, 광물성 3가지로 본다고 할 때 이 범주 밖의 것이 무엇이겠는가? 이렇듯 범주는 모든 것을 망라하는 체계를 말한다. 그것이 물질이든 사상이든 세상을 설명할 수만 있다면 그것은 하나의 체계를 이루어 만물을 뜻하는 것이 된다.

날짜에는 요일이 정해져 있다. 모든 날은 일곱 요일로 구성되어 있다. 오늘날 직장인에게 필수적인 요일은 옛날 종교 예식에 필요해 만들어졌다. 요일 범주로 보면 세상은 이렇게 말할 수 있다. "온 세상에 무수히 많은 날이 있어도 그것은 결국 일곱 요일 중 하나일 뿐이다."

범주는 이런 식으로 모든 것을 단순하게 설명하는 방식인데, 이로써 우리는 모든 존재의 체계를 알 수 있다. 가정은 무엇으로 이루어져 있는가? 부모와 자식이다. 국가는? 영토, 국민, 주권(정부)으로 되어 있다. 물질은 기체, 액체, 고체의 3가지 상태로 되어 있다. 계절은 봄, 여름, 가을, 겨울로 구분 지을 수 있다.

이런 식으로 세상을 망라하는 틀을 구성할 수 있다면 세상을 이해하는 것이 한결 쉬워진다. 문제는 어떤 범주가 모든 것을 설명하는 데 가장 근본적인가 하는 것이다. 정해진 범주가 세상 모든 것을 설명해 내지 못한다면 그것은 이미 범주라고 말할 수 없다. 만물의 각 분야를 설명해 주는 이론은 무수히 많다. 하지만 모든 것을 통합하는 범주가 필요하다.

범주란 결국 만물을 다루는 이론을 의미한다. 만약 우리가 세상 모든 것을 설명(규명)할 수 있는 이론을 알 수 있다면, 이로써 최상의 지혜를 획득할 수 있을 것이다. '세상 모든 것을 설명할 수 있는 이론'이 바로 우리가 찾고자 하는 목표다. 이미 우리의 선현들은 많은 연구를 거듭하여 그 윤곽을 밝혀놓았다. 이제 우리는 그러한 이론들을 점검해 볼 때가 온 것이다.

완벽한
범주를
찾아서

만물을 이해함에 있어 범주를 사용하는 것은 최고의 개념으로 비유하여 만물을 설명하자는 의미다. 이때 범주를 잘 고르기만 하면 만물을 이해하는 매우 유용한 방법이 될 수 있다.

인도 철학에서는 만물을 '사대(四大)'라는 개념으로 해석하고 있는데, 이를 사용하여 실제 사물을 설명해 보자. 사람이 죽으면 몸은 흙으로 돌아가고 영혼은 바람처럼 흩어진다고 하는데, 바람과 흙이 바로 사대라는 개념에 들어간다. 다른 2가지는 물과 불이다. 세상의 모든 것은 4가지로 이루어졌다는 것은 분명 상징적 개념이다. 하지만 이를 적절히 사용하면 상당히 많은 것을 설명할 수 있다.

기실 영혼이란 바람처럼 형체가 없고 자유로운 성질을 갖고 있으며 바람과 닮았다. 몸이 흙이라는 것은 물질은 원소로 되어 있다는 개념과 다름없다. 사대 이론은 그럴 듯하다. 다만 사대로써 모든 것을 설명하기에는 미흡한 면이 없지 않다. 아버지와 어머니는 무엇에 비유되는가? 사랑은? 자동차는? 권력은? 세상에는 무수한 것들이 있다. 문제는 이 모든 것을 흙, 물, 불, 바람 4가지로 해석할 수 없다는 것이다. 따라서 사대는 범주로 사용하기 쉽지 않다.

또 다른 범주를 살펴보자. 중국에는 오행(五行)이라는 범주가 있는데, 이를 사용하면 상당히 많은 것을 설명할 수 있다. 오행은 '목화토금수(木火土金水)'로, 약 5000년 전부터 사용했다고 한다.

오행으로 우리의 정신세계를 구분해 보자. 인격은 5종류, 즉 인(仁), 의(義), 예(禮), 지(智), 신(信)으로 이루어져 있는데 이를 오행으로 보면 다음과 같다.

인(仁) = 목(木)
의(義) = 금(金)
예(禮) = 화(火)

지(智) = 수(水)

신(信) = 토(土)

　　인간 정신 각각의 덕목은 오행으로 설명할 수 있고, 오행에 인격의 종류가 모두 망라되었다는 것이다. 이로써 인간의 다른 인격은 더 이상 찾지 않아도 되니 매우 편리하다고 할 수 있다. 이처럼 범주는 사물 그 자체를 설명하고, 있을 수 있는 모든 것을 드러내 보여준다.

　　오행을 인체에 적용해 보자. 모든 동물은 같은 종류의 장기를 가지고 있는데 심장, 폐, 신장, 비장, 간장이 그것이다. 이것은 사람이나 호랑이나 염소, 황소, 돼지, 늑대, 고양이 등 모든 동물이 공통적으로 가지고 있다. 아마 저 먼 우주의 동물이라 해도, 지구의 동물과 똑같지는 않더라도 오행 범주에 해당하는 장기를 가지고 있을 것이다. 심장은 화, 폐는 금, 신장은 수, 비장은 토, 간장은 목이다. 이는 동물이 만들어질 때 처음부터 오행을 사용해서 설계되었다는 것이다. 개미나 파리도 심장이 있고 악어나 황소도 심장이 있다. 이는 만물이 오행으로 이루어져 있다는 강력한 증거가 아닌가?

　　한의학은 오로지 오행의 논리로 이루어져 있다. 한의학에서는 약이나 음식을 모두 오행으로 분류하고 그것들의 상호관계를 이야기한다. 오행은 단순히 동물의 장기를 보고 만든 개념이 아니다. 오행 개념은 우주의 탄생을 설명하고 있는데, 범주란 이런 식으로 사용하는 것이다.

동양에서는 아주 오래전부터 오행이라는 범주를 사용해 왔다. 이 범주는 누가 처음으로 발견했는지 언제부터 사용했는지는 알 길이 없다. 하지만 오행은 타당성과 깊이가 있어 동양, 특히 중국에서는 광범위한 분야에 적용되었다. 그리고 오랜 세월 동안 사용해도 특별한 모순이 발견되지 않아 깊이 자리 잡았다.

오행은 세월이 지나면서 진리 그 자체로 인정받았고, 그 편리성 역시 입증되었다. 오행을 최고 논리로 인정하는 한의학은 3000년 이상 중국인의 건강을 책임지고 있다. 여기서 오행으로 풀어낸 한의학을 살펴보자.

하나의 장기가 다른 장기에 즉각적인 영향을 끼친다는 한의학의 독특한 논리가 있다. 간이 약해지면 심장도 약해진다는 이론이 바로 그 예다. 이것은 수천 년 동안 임상에서 실증된 것으로, 현대의학에서도 그 이유를 명확히 밝히지 못하고 있다. 또 다른 장기 관련 이론으로 신장의 기운이 지나치면 심장이 나빠진다는 것이 있는데, 이 역시 임상에서는 이미 증명된 것으로 현대의학은 이유를 명확히 밝히지 못하고 있다. 현대의학은 모든 장기가 독립된 기능을 갖고 있지, 상호작용한다는 개념 자체가 없다. 하지만 한의학에서는 오행을 직접 인체에 적용하여 이미 효과를 거두고 있다.

한의학에서 말하는 오행에는 목생화(木生火, 나무에서 불이 생긴다)라는 원리가 있는데, 이것을 인체에 적용하면 간이 심장을 돕는다는 의미가 된다. 또한 수극화(水剋火, 물은 불을 약하게 한다)의 원리에 따르면 신장이 강하면 그로 인해 심장이 손상을 입는다. 즉 오행의 원리가 신체에 딱 맞아떨어지는 것이다. 이것이 바로 범주의 위력이다.

정신세계를 보자. 지구인이든 우주인이든 그들에게 사랑이 있다면 예의도 바르다고 말할 수 있다. 하지만 사랑을 지나치게 강조하는 사람은 신용이 적다고 말할 수 있는데, 이는 목생화와 목극토(木剋土, 나무는 흙을 약하게 한다)라는 오행 원리를 적용한 결과다. 그리고 정의를 지나치게 주장하는 사람은 사랑이 적은데, 이는 금극목(金剋木, 금속은 나무를 약하게 한다)의 원리를 적용한 것이다.

이렇듯 오행은 실제 세계를 지배하는 원리로 작용한다. 이것은 오행이 제대로 만들어진 범주라는 뜻이다. 오행이 범주로 제대로 만들어졌기 때문에 이를 응용하면 무수히 많은 사물에 대해 특별히 따로 공부하지 않아도 그 특성을 예상할 수 있다.

오행의 원리를 일찍부터 적용해 왔던 우리 선조들은 매운맛, 짠맛, 신맛, 단맛, 쓴맛 등 음식의 모든 맛이 오행의 원리에 의해 인체에서 사용된다는 것도 알았다. 이것은 실험에 의해 확립한 이론이 아니었다. 오행이라는 범주에 대해 알고 있다면 일일이 실험해 보지 않아도 그 성격을 짐작할 수 있게 된다. 쓴맛은 심장에 필요하고, 단맛은 비장(또는 위)에 필요하고, 매운맛은 폐에 필요하고, 짠맛은 신장에 필요하고, 신맛은 간에 필요하다는 것이 바로 그 오행의 원리다.

옛날 중국에 살았던 사람들은 오행을 알고 이를 적용함으로써 최고의 지혜를 이용할 수 있었다. 오행의 원리는 영원히 살아남을 테지만 중요한 것은 범주가 '제대로' '잘' '최고로' 정해져 있다면 세상에 모를 것이 없다는 사실이다.

이렇게 오행은 상당히 훌륭한 범주임에 틀림없다. 그러나 우주 최고의 범주는 아니다.

정신분석학자 칼 융은 범주를 통해 인간의 다양한 정신을 이해하려 애썼고, 그 결과 독특한 융 정신과학 분야가 탄생하게 되었다. 범주는 선험적(先驗的, transcendental) 구조를 갖고 있는데, 이로써 아직 발견하지 않은 사물에 대해서도 미리 그 성질을 이야기할 수 있는 것이다. 자연과학에서는 주기율표(週期律表, the periodic table of the elements)라는 범주를 가지고 모든 원소를 설명하는데, 이것을 사용하면 아직 발견되지 않은 원소를 예측할 수도 있다.

실제로 어떤 원소가 막 발견되었는데, 새로운 원소를 보지도 않은 사람이 먼 곳에서 그 원소의 성질을 모두 이야기한 적이 있다. 처음 발견한 사람은 애써 그 원소의 성질을 실험으로 찾아냈는데, 주기율표를 가지고 있던 사람은 보지 않고도 그 성질을 모두 말했던 것이다. 이것이 범주의 위력이다.

물론 범주는 완벽해야 한다. 세상은 우주가 먼저 있고 그 후에 범주가 개발된 것이 아니다. 범주는 우주가 탄생하기 전에 이미 우주 탄생을 예고하는 개념이다. 우리가 완벽한 범주를 갖고 있다면 이 개념을 확장하면 무엇이든 이해하지 못할 것이 없다.

지혜란 온 세상의 구조를 파악하는 데서 비롯되는데, 온 세상의 구조가 이미 범주 속에 포함되어 있다면 멀리에서 찾지 않아도 천지의 운행을 알 수 있다. 대자연은 우연히 마구잡이로 운행하는 것이 아니다. 일정한 섭리가 있는데, 그것이 바로 범주 안에서 이루어지는 것이다. 그래서 인류의 선각자들은 최고의 범주를 발견하려고 노력했던 것이다. 완벽한 범주가 있다면 그것은 지혜의 황금을 만드는 연금술이 아닐 수 없다.

인류의 역사는 자연을 탐색하고 그 속에 있는 원리를 발견함으로써 발전을 거듭해 왔다. 그런데 자연의 원리는 무한히 많은 것이 아니었다. 자연은 만들어질 때부터 일정한 틀이 있었으며, 이를 건축에 비유하면 애당초 설계도면이 존재했다는 의미다.

자연 현상은 일정한 틀의 범위 안에서 이루어진다. 과학자들은 그것을 자연 법칙이라고 말하는데, 자연 법칙은 그리 복잡한 것이 아니다. 과학자들에 따르면 우주는 4가지 힘에 의해 이루어져 있는데 바로 중력, 전자기력, 약력, 강력이다. 그러나 최근에 와서는 척력이란 것이 하나 더 발견되었다. 과학자들은 또 다른 힘이 우주에 있을 것이라고 생각하지 않는다. 하지만 지금까지 발견된 5가지 힘이 어떤 범주에 완벽히 맞아 떨어지지 않는 한 또 다른 힘이 발견될 수 있다.

범주는 인간이 발견한 것으로, 관찰이 아닌 순수논리에서 자연스럽게 도출되어야 한다. 잘못된 범주는 또 다른 범주가 나오면 변한다. 하지만 이렇게 변해서는 완벽한 지혜는 찾을 수 없다. 완벽한 지혜를 구성하는 범주란 영원해야 하고, 이것을 넘어서는 논리가 존재할 수 없어야 한다. 물론 이러한 범주를 찾기는 쉽지 않다. 하지만 그러한 범주를 알고 있다면 그다음부터는 어려울 게 전혀 없다. 그래서 우리 인간은 최고의 범주, 완벽한 범주를 발견하는 데 총력을 기울여야 한다.

세상은
음과 양으로
나뉜다

주사위를 던진다고 해보자. 어떤 숫자가 나올까? 그것은 알수 없다. 하지만 우리는 6개 숫자에게 평등한 기회가 주어져 있다는 것을 이미 알고 있다. 따라서 어떤 숫자가 특별히 더 나올이유가 없다. 그런데 주사위를 실제로 던지면 각 숫자가 정확히평균 6분의 1로 나오지는 않는다. 여러 번 던질수록 점점 더 평균에 가깝게 된다. 이것을 '대수(大數)의 법칙'이라고 하는데, 많이 던질수록 평균이 된다는 것이다. 이 법칙은 배우지 않아도 우리는 모두 알고 있다.

자연의 법칙 제1호는 평등이다. 돈이 많은 사람이 던진다고 해서 주사위는 1이 더 많이 나오지 않는다. 중국 사람이 3을 좋아한다고 해서 3이 더 나오는 것도 아니다. 또한 한국 사람이 4를 싫어한다고 해서 4가 덜 나오지도 않는다. 주사위는 6개 숫자를 평등하게 보여준다. 이를 자연의 법칙이라고 해도 좋은데, 이 법칙은 누가 만든 것이 아니다. 저절로 그렇게 되어 있을 뿐이다. 자연의 법칙 역시 평등하게 되어 있으며, 우리는 그것을 이해함으로써 실제 나타나는 현상을 잘 설명할 수 있다.

그렇다면 누가 평등을 만든 것일까? 평등이란 그냥 내버려 두면 저절로 생기는 것일 뿐이다. 누가 만들면 오히려 평등이 깨진다. 자연의 뿌리는 평등이다. 그러므로 큰 것이 있으면 작은 것이 있기 마련이고, 뜨거운 것이 있으면 차가운 것이 있기 마련이다. 밝은 것이 있으면 어두운 것이 있고, 여자가 있으면 남자가 있고, 부자가 있으면 가난한 사람이 있는 법이다.

다시 말해 하나의 사물이 있으면 그 반대도 반드시 존재한다는 뜻이다. 그래야 평등하기 때문이다. 그렇게 보면 세상은 두 부분으로 나뉘어져 있다. 좌측이 있다면 반드시 우측이 있다. 다시 말해, 좌측이 있으려면 우측이 있어야 한다. 또한 우측이 있으려면 좌측이 있어야 한다. 좌우는 어떤 것이 먼저 생긴 것이 아니다. 우리가 무엇을 먼저 보느냐에 따라 순서는 있겠지만 그 반대는 반드시 있다.

A가 있으면 A 아닌 것이 반드시 있어야 한다는 평등의 법칙은 자연의 제1법칙이므로 이것을 범주로 사용하면 더할 나위 없는 가장 훌륭한 범주가 된다. 세상에 어떤 것이 있을 때 그것의 반대가 없는 경우는 존재하지 않는다. 그렇다면 이 범주를 사용하여 세상을 살펴보자.

　　사람은 반드시 죽는다. 왜냐? 태어나기 때문이다. 부자의 돈이 자손에게 상속될 수는 있겠지만 그것은 영원할 수는 없다. 언젠가는 그 돈이 없어지게 된다. 아무리 강한 국가도 언젠가는 멸망하게 된다. 세상은 평등의 법칙으로 이루어져 있기에, 한쪽이 있으면 다른 쪽도 있다. 누구나 알고 있는 이 법칙은 절대 범주다.

　　여기서 이 법칙을 좀 더 세련되게 표현해 보자. 세상에는 양이 있으면 음이 있고, 음이 있으면 양이 있다. 즉 세상에는 음과 양이 있는 것이다. 어떤가? 이 법칙을 부정할 방법이 있는가? 양이 어떤 것을 의미하면, 음은 그 반대를 뜻한다. 예컨대 기쁨이 양이라면 슬픔은 음이다. 밝은 것이 양이라면 어두운 것은 음이다. 있으면 양이고 없으면 음이다. 태어난 것이 양이라면 죽는 것은 음이다. 때리는 것이 양이라면 맞는 것은 음이다.

　　이렇게 계속하면 무한히 많은 사물을 두 종류로 구분할 수 있는데, 이것이 세상을 이해하는 최선의 방법이다. 이는 평등의 법칙으로 세상을 이해한다는 것과 같다. 이 법칙에 어긋나는 것은 절대로 찾을 수 없다. 여러분이 실제로 해보라! 이것이 있고 이것이 아닌 것이 있다는 법칙은 절대로 부정할 수 없다.

자, 이제 우리는 세상을 이해할 수 있는 순수한 지혜를 얻었다. 바로 세상은 두 종류로 되어 있다는 지혜다. 우리는 또한 두 종류로 나눈 사물의 성질을 이야기할 수도 있다. 예를 들어보자. 산이 있으면 연못도 있는데, 어떤 것이 양인가? 산이 양이다. 밝은 것과 어두운 것 중에 밝은 것이 양이다. 물론 어두운 것은 음이다. 회사에서 사장과 직원 중 누가 양인가? 사장이 양이다. 가정에서는 남편이 양이고 부인이 음이다. 지도자는 양이고 따르는 사람은 음이다.

세상에 음양으로 구분할 수 없는 것이 존재하는가? 절대로 찾을 수 없을 것이다. 자연이 평등하게 존재한다는 법칙은 만들어진 것이 아니기 때문에 없앨 수도 없다. 평등의 법칙이 어떻게 생겼는지 설명할 필요가 없다. 그냥 저절로 있는 것이다.

이런 평등의 법칙을 구체화한 것이 음양의 법칙인데, 이것은 실제 세상에서 사용하기 편리하다. 음양의 법칙은 모든 것의 기본이 되는 법칙을 말한다. 이제 우리는 세상 최고의 법칙, 최상의 원리를 알게 되었다. 이를 활용해서 모든 것을 깨달 수 있는 절대 지혜에 도달한다는 것은 그리 어려운 일이 아니다.

고대 그리스에서는 만물이 물과 불에서 비롯되었다고 말한다. 이것들은 서로 반대의 성질을 가진 것이니 동양의 음양과 비슷하다. 하지만 동양에서 말하는 음양은 물질이 아니다. 일종의 개념이다. 서양과 동양은 사물을 바라보는 시각이 다르다. 서양이 물질을 중심으로 본다면, 동양은 개념을 중심으로 본다. 이렇게 동양에서 세상을 형이상학적으로 바라보는 방식이 바로 음양사상이다. 음양은 추상적 개념으로, 물이니 불이니 하는 물질 개념과는 상당히 동떨어져 있다.

다만 물질을 대비 개념으로 사용하면 만물을 쉽게 구분할 수는 있다. 예컨대 남자는 불, 여자는 물이라는 식이다. 하지만 단순히 물질을 대비 개념으로 사용한다고 해서 수많은 것들을 다 설명할 수는 없다. 예를 들어 오는 것과 가는 것을 구분할 때 어느 것에 물, 불을 대입할 것인가?

범주란 애매하면 안 된다. 단순하고 분명해야 모든 것을 적용할 수 있다. 귀에 걸면 귀걸이, 코에 걸면 코걸이라는 식은 안 된다는 뜻이다. 그래서 범주는 실제 물질에서 빌려오지 않는 개념 설정이 먼저 필요한 것이다. 물질은 오히려 이 개념을 빌어 설명하는 게 더욱 분명하다.

물과 불을 보자. 불은 활동적이고 위로 올라가며 뜨겁고 밝다. 여기에 깃들어 있는 성질은 무엇인가? 바로 양이다. 물은 내려가고 수동적이며 어둡고 고요하다. 이것이 바로 음의 성질인 것이다. 우리는 사물에 깃들어 있는 성질을 밝힘으로써 그 사물의 본질을 이해할 수 있다.

예컨대 사랑과 증오는 어떤가? 사랑은 건설적이다. 이에 비해 증오는 파괴적이다. 양과 음으로 파악하면 딱 맞아 떨어진다. 반면 사랑과 증오를 물과 불로 구분하려면 애매한 경우가 생긴다. "증오가 불타오른다" "사랑은 물처럼 부드럽게 감싸준다"라는 말처럼 증오를 불로, 사랑을 물로 표현할 수도 있다. 하지만 음과 양으로 사랑과 증오를 표현하면 뜻이 분명해진다. 이렇듯 범주란 물질 이상의 개념이다.

음양을 가지고 인도 철학의 사대를 구분해 보자. 이 지수화풍(地水火風) 중에서 화와 풍은 양에 해당되고 지와 수는 음에 해당되는데, 그 구분이 얼마나 적절한가! 음양은 모든 것을 남김 없이 구분할 수 있는 절대 개념이다. 음양에 해당되지 않는 것이 있는지 살펴보라. 그런 사물은 존재하지 않는다.

이러한 음양 개념은 중국에서 일찍이 출현했는데, 오행이란 사상도 음양에서 출발하여 만들어진 것으로 그 효용성은 앞에서 충분히 이야기했다. 음양의 범주는 완벽하다 할 수 있다. 그래서 음양에서 출발한 오행사상도 그토록 힘을 발휘할 수 있었던 것이다.

다만 여기서 생각해 보면 음양이나 오행은 훌륭한 범주이기는 하나 구분할 수 있는 범위가 한정되어 있어서 아쉽다. 음양이나 오행만으로 무한한 사물을 분석하다 보면 너무나 포괄적이어서 실용성이 크게 떨어진다. 그래서 범주의 세분화가 필요하다. 범주의 기준이 너무 많아도 불편하지만 너무 적으면 다양한 사물을 다루기에는 역부족이 된다.

그런데 이러한 사정은 옛사람이 이미 깨닫고 있었다. 범주의 세분화, 이러한 과정은 필연적이었고 결과적으로 주역에 도달하게 되었던 것이다. 이제 세분화된 범주의 다른 이름, 주역의 바다로 들어가 보자. 만물의 원리가 모두 들어 있는 지혜의 성역으로.

주역을
공부하는
과학자들

주역은 5000년이나 지난 고대의 학문이다. 그렇기 때문에 주역에 일종의 미신이라는 딱지를 붙이기도 한다. 하기야 근세에 이르기까지 수많은 이론들이 오류로 밝혀졌기 때문에, 그토록 오래된 학문이 합리적일 리가 없다고 생각을 할 수도 있다.

우리 인류는 얼마나 많은 오류를 범했던가. 콜럼버스가 항해하기 전까지는 지구가 둥근지조차 몰랐다. 불과 몇 백 년 전의 일이다. 이 과학적 오류는 세계 최고 지성이라고 자부하던 교황청에서 의도적으로 자행하기도 했다. 지구는 하나님이 만들었기 때문에 우주의 중심이고 따라서 태양도 지구를 돌고 있는 위성에 불과하다는 논리였다.

이에 반대한 과학자 갈릴레오 갈릴레이(Galileo Galilei)는 교리를 위반했다는 죄목으로 평생 연금을 당하기도 했다. 그러나 교황청의 사과는 갈릴레오가 죽고 난 400년 후에나 이루어졌다. 이후 과학은 교리로부터 자유로워져 마음 놓고 진리를 탐구할 수 있게 된다. 인류는 오류를 범하고 또한 그것을 바로 잡으며 발전을 계속하고 있는 중이다. 오늘날에 와서도 종종 교리와 과학이 부딪치는 경우가 있지만 세월이 지나면 진리는 밝혀지게 마련이다.

주역은 어떤가? 오늘날 많은 과학자들이 주역에 관심을 보이고 있다. 특히 물리학자 닐스 보어(Niels Bohr)는 노벨상을 받는 자리에 팔괘도의 복장을 입고 수상하여 주역에 대한 각별한 애정을 피력하기도 했다. 그가 노벨상위원회에 자신이 주역을 사랑하여 수상식 자리에서 팔괘가 그려진 옷을 입고 싶다고 주문했는데, 당시 위원회는 주역을 몰랐다. 그래서 부랴부랴 여러 곳으로 탐문하여 팔괘가 그려진 옷을 겨우 구할 수 있었다. 스톡홀름에서 중국 음식점을 경영하는 중국인에게 요청했던 것이다. 그 중국인은 자신이 알고 있던 상식에 따라 팔괘도를 그렸고, 노벨상위원회는 안도의 한숨을 쉴 수 있었다.

그런데 닐스 보어가 입었던 옷의 팔괘도는 순서가 잘못된 것이었다. 하지만 다행히 아무도 아는 사람이 없어서 수상식은 무사히 치러질 수 있었다. 보어는 수상식을 마친 후 고맙다는 인사와 함께 옷을 다시 돌려주었는데, 후에 그 중국인은 그가 입었던 옷 덕분에 큰돈을 벌었다고 한다.

그런데 닐스 보어는 주역에서 무엇을 공부했던 것일까? 그가 공부한 것은 상보성 원리(相補性原理, complementarity principle)로 알려져 있는데, 이 이론은 음양이 서로 대립하는 관계가 아니라 부족한 것을 서로 도와주는 보완적 관계라는 것이다. 원자의 세계에는 파동과 입자, 그리고 서로 상충되는 많은 요소가 있지만, 이들은 각각 상대를 도와줌으로써 세상을 존재케 한다는 이론이다. 주역은 음양의 상보성 원리를 다루는 학문이다. 보어는 이것에 주목했던 것이다.

주역과 관련해서 알버트 아인슈타인 이야기도 해보자.

원자의 구조를 보면 핵과 전자로 되어 있는데, 핵은 플러스(+) 전기를 띠고 있고, 그 주위를 도는 전자는 마이너스(-) 전기를 띠고 있다. 어째서 핵이 플러스(+)고 전자가 마이너스(-)일까? 핵이 마이너스(-)고 전자가 플러스(+)라고 해도 이상할 것이 없다.

아인슈타인은 이에 대해 명쾌한 결론을 내렸다. 그는 그것의 존재가 금지된 것이 아니니 존재할 권리가 있다고 주장했다. 즉, 존재한다는 것이다. 따라서 핵이 마이너스(-)고 그 주위를 도는 전자가 플러스(+)인 원자도 있다는 것이다. 이 이론은 후에 폴 디락(Paul Dirac)이라는 물리학자에 의해 구체적으로 입증되었고, 지금은 그러한 원자에 반원자(反原字, antiatom)라는 이름이 붙었다.

이 세상에는 원자가 있으면 반원자도 있다. 이는 앞서 살펴본 것처럼 양이 있으면 반드시 음도 있다는 자연평등의 원리인 것이다. 아인슈타인은 주역을 통해 자연의 상대성을 충분히 깨닫고 있었다. 그가 주역을 만물의 에센스 중의 에센스라고 평가한 것도 그런 깊은 통찰을 보여주는 대목이다.

과학자들 중에 주역을 탐구한 사람은 적지 않다. 세계적 정신분석학자 칼 융은 그의 정신의학 세계를 탐구함에 있어 주역을 길잡이로 삼았으며, 그가 만든 '칼 융 주역연구소'는 오늘날 세계 최고의 주역연구소로 자리매김하고 있다. 융의 정신분석 이론은 주역의 가르침을 많이 수용한 것으로 알려져 있다. 그는 주역을 연구하여 동시성(同時性, simultaneity)이라는 개념을 만들어 내기도 했다.

주역에 심취했던 또 다른 과학자로 고트프리트 라이프니츠

(Gottfried Leibniz)를 빼놓을 수 없다. 그는 뉴튼에 필적할 만한 수학자로, 2진법을 발명하여 오늘날 컴퓨터 문명에 기여한 1등공신이다. 라이프니츠는 주역을 통해 2진법을 알아내 그것을 서양에 보급하면서 주역을 서양 과학세계에 등장시켰다. 그는 융과 더불어 서양에 주역을 보급시킨 대표적 과학자로 알려져 있다. 이들 외에도 많은 과학자들이 주역을 세상에 알리는 데 기여했다.

주역은 철학이 아닌 과학이다. 특히 주역은 시간을 연구하는 학문으로, 조만간 인류는 대규모 연구를 시작할 것으로 보인다. 과학자들에게 '미래'라는 시간은 매우 중요한 연구과제다. 그런데 미래를 알아내는 방법으로 이미 많은 과학자들이 관심을 가지는 것처럼, 주역이 큰 역할을 하고 있다. 자연과학계에서 시간을 다루는 연구를 오래전부터 하고 있지만, 주역이 본격적으로 도입된다면 시간 연구는 비로소 궤도에 오르게 될 것이다.

주역,
유럽에
전해지다

　　1698년 중국에 파견되어 있던 필립포 그리말디(Filippo Grimaldi) 신부는 유럽의 라이프니츠에게 편지를 보냈는데, 여기에는 주역의 64괘가 실려 있었다. 그리말디 신부는 청나라 강희대제의 서양 학문 스승이자 고문으로, 중국 수학위원회 책임자였다. 그는 중국에서 발견한 주역에 깊게 감명을 받았다. 그가 당시 라이프니츠에게 편지를 보낸 것은 자신이 받은 감명에 대해 더 높은 지성인의 추인을 받고 싶었기 때문이었다.

　　라이프니츠는 즉각 반응했다. 그는 주역의 괘상을 보자마자 그 속에 들어 있는 심오한 원리를 파악하고 2진법을 발명해 냈다. 주역은 양(—)과 음(--) 2가지 기호체계로 되어 있는데, 라이프니츠는 이것에서 1과 0을 사용하는 2진법 체계를 찾아낸 것이다. 이것은 후에 컴퓨터 체계에 도입되어 디지털 문명의 도화선에 불을 붙였다.

2진법은 컴퓨터의 체계 속에서만 존재하는 것이 아니다. 우리의 인체나 뇌, 신경망 등은 모두 2진법 체계를 사용하고 있다. 2진법은 가장 경제적인 표현으로, 자연계는 경제적인 것을 제일 먼저 선택한다. 왜냐하면 진화란 경제적인 쪽으로 발전하기 때문이다.

라이프니츠가 주역을 공부하자 전 세계의 지성이 함께 공부하려 한 것은 당연한 귀결이 아닐 수 없다. 후에 교황청의 명령으로 그리말디 신부와 함께 파견되었던 조아심 부베(Joachim Bouvet) 신부가 본격적으로 주역 연구에 몰두했다. 부베 신부는 라이프니츠와 무수히 많은 편지를 주고받으며 주역에 관한 의견을 교환했다.

이것은 라이프니츠의 성장에도 크게 기여했다. 많은 사람들이 라이프니츠가 세계 제일의 지성으로 발돋움하게 만든 주요 원인 중 하나가 이 주역 연구였을 것으로 예상한다. 현대에 와서 많은 과학자들이 주역을 통해 최고의 학자로 급부상한 것을 보면 그 사실을 짐작할 수 있다. 주역의 원리는 우주 최고의 원리기 때문에 그것을 접한 과학자들이 크게 발전하게 되는 것은 전혀 이상한 일이 아니다. 그래서 오늘날에도 최고 지성이 되기 위해서는 최우선적으로 주역을 알아야 하는 것이다.

부베 신부는 주역에 몰두한 나머지 아예 신부직을 사임했다. 교황으로부터 면직을 허락받은 부베는 평생 주역 연구에 뛰어들었다. 그가 주역의 원리를 얼마만큼 깨달았는지 밝혀진 바는 없다. 하지만 부베가 신부직까지 벗어 던지고 주역에 몰두한 것만 봐도 그에게 주역이 얼마만큼 큰 가치가 있었는지 알 수 있다.

융은 서양에 처음으로 번역된 리하르트 빌헬름(Richard Wilhelm)의 주역 책에 장문의 서문을 써서 주역에 대한 자신의 감동을 드러내기도 했다. 주역 이론에 정통했던 융은 10만 가지의 꿈을 분석하면서 그 안에 들어 있는 정신의 최고 유형이 괘상임을 깨달았다.

우리 정신은 주역의 구조를 바탕으로 분석할 수 있다. 예를 들어 우리가 오래된 동창생의 얼굴을 기억해 내는 것은 바로 주역의 패턴 인식과 같다. 갓난아이가 부모의 얼굴을 기억하는 것도 같은 원리다. 융은 주역을 통해 원형(原型, Archetype)이라는 개념을 만들어냈는데, 이 원형이 주역에서 괘상과 같은 역할을 하는 것이다.

주역이 서양에 전해지자 이제 더 이상 주역은 중국의 전유물이 아니게 되었다. 주역은 닐스 보어, 알버트 아인슈타인, 칼 융, 고트프리트 라이프니츠, 유가와 히데키(湯川秀樹, 중간자를 발견해 노벨물리학상 수상), 존슨 얀(Johnson Yan, DNA와 주역의 관계를 해석), 헤르만 헤세(Hermann Hesse, 노벨문학상 수상), 요한 괴테(Johann Goethe), 옥타비오 파스(Octavio Paz, 64괘를 시에 활용한 멕시코 시인) 등 전 세계 지성인들이 공부하게 된 것이다.

주역은 오늘날에 와서는 중국의 고대 학문으로서가 아니라 자연계를 연구하는 최고의 지침서로 자리매김하게 되었다. 주역을 모르면 세상을 모른다. 부베 신부의 첫 깨달음이 바로 이것이었다. 융이나 아인슈타인, 보어 등도 주역을 알고자 했던 이유가 바로 '세상의 지혜'를 찾고자 함이었던 것이다.

나도 50년 전쯤에 주역을 접했는데, 당시 자연과학을 공부했던 나는 주역을 보자마자 '여기에 최고의 진리가 있구나' 하고 느꼈다. 그것은 이미 그 자체로 최상의 과학이었던 것이다.

주역은 오늘날에 와서 가장 각광받는 과학으로 알려져 있다. 주역을 동양의 미신이라고 생각하는 것은 편견일 뿐이다. 지금은 주역이란 무엇인지를 파헤치고 공부할 때다. 신비란 영원히 바라만 보고 있어서는 안 된다. 신비할수록 그것이 무엇인지를 알아내야 하지 않겠는가! 공자는 주역을 발견하고 몹시 기뻐했다고 전해진다. 비로소 평생을 몰두할 학문을 발견했기 때문이었다. 주역이 세상에 온전하게 남아 있다는 것은 우리에게도 큰 축복이 아닐 수 없다. 우리 역시 평생 몰두할 학문이 여기 있으니 말이다.

만물의 뜻을
규명하는
학문

이제 우리는 비로소 질문다운 질문을 할 수 있게 되었다. 주역이란 과연 무엇인가? 우리는 그것을 공부하기 위해 이 책을 읽고 있다. 주역을 왜 공부해야 하는지는 이미 이야기했다. 주역이 세상의 지혜를 품고 있기 때문이다. 이제 남은 일은 주역의 핵심에 접근하는 것이다.

'주역이란 무엇인가?'

주역은 앞에서도 이야기한 것처럼 만물의 뜻을 규명하는 학문이다. 그리고 만물이 시공간 속에서 어떻게 활동하는지를 밝히는 학문이다.

먼저 만물의 뜻이란 무엇인지를 생각해 보자. 뱃속에 암 덩어리가 있다고 하자. 이것은 죽음의 징후다. 인체 입장에서 볼 때 암이란 그저 몸에 붙어 있는 혹에 불과할 것이다. 그러나 인간이 볼 때 이것은 사악한 마귀와도 같은 죽음의 사자다.

누가 꽃 한 송이를 선물로 주었다고 하자. 이것은 무슨 뜻인가? 준 사람이 남자라면 이는 구애의 행동으로 볼 수 있다. 예술가가 꽃을 받았다면 이는 존경을 표하는 태도일 것이다. 좋은 뜻이다. 바닷가를 거닐다가 태양이 떠오르는 것을 봤다면 이는 희망의 뜻이다. 새가 집으로 날아 들어왔다면 이는 생명력이 안으로 들어왔다는 뜻이 된다.

절벽 가까이 어린아이가 놀고 있다면 이는 위험하다는 뜻이다. 악수를 청하는 것은 교류하자는 의미다. 국경에서 군사적 특이 행동이 있으면 침범을 경계해야 하는 것이다. 공연히 눈치를 보면 이는 속이는 게 있는 것이다. 머리를 쥐어짜고 있으면 골치 아픈 일이 있는 것이다.

길을 걸어가는데 하늘에서 꽃잎이 떨어져 머리 위에 앉는다면 이는 하늘이 축복해 준 게 아닌가 하고 좋은 일이 생길 것 같은 기분이 든다. 여자에게 쩔쩔매며 친절을 베푸는 것은 그 여자를 사랑함이다. 설거지를 하면서 심하게 소리를 내면 이는 화가 난 것이다. 말하면서 눈을 심하게 움직이면 이는 거짓말을 하고 있는 것이다.

세상사는 의미로 가득 차 있다. 대부분의 사람들이 그것을 그냥 흘려보낼 뿐이지만 눈여겨보고 뜻을 찾아내려고 하면 많은 것이 보이는 법이다. 사회라는 것은 뜻이 교차하는 무대다. 사실 넓게 보면 대자연계는 뜻의 공연장이라고 할 수 있을 것이다.

인간의 행동에도 뜻이 가득 차 있다. 지그문트 프로이드 (Sigmund Freud)는 인간행동에 담긴 뜻을 분석함으로써 정신병을 치료했고, 칼 융 역시 인간행동 속의 원형을 찾아냈다. 훌륭한 의사는 환자의 태도를 보고 즉각 병을 알아내기도 한다. 제갈공명은 산 위에서 적진을 바라보고 약점을 찾아낸다. 무술의 고수는 적이 움직이기 전에 그 상태를 살펴 어디로 공격할지를 안다. 이소룡은 적이 움직이기 전에 어디로 공격해 올지 미리 알고 있었다고 한다.

'뜻'이란 사람이 그것을 보면 알아차릴 수 있는 것이다. 노련한 형사는 살인 현장을 보고 지나간 정황을 알아낸다. 경제 전문가는 회사의 상태를 점검하며 미래를 전망할 수 있다. 세상은 뜻에 의해 미래가 결정되는 법이다. 과학자 뉴튼은 사과가 나무에서 떨어지는 것을 보고 대자연의 법칙인 만유인력을 발견했다.

이 모든 것이 뜻을 읽은 데서 비롯된다. 뜻이란 글을 읽듯이 알아낼 수 있다. 물론 그 방법은 훈련해야 한다. 하지만 존재하는 모든 사물은 뜻을 함유하고 있기에 그 자체가 이미 좋은 정보다. 우리는 그저 잘 살피고 생각하면 된다. 예를 들어 철학자들은 모든 인간이 죽는다고 주장한다. 그들이 생물체의 보편적 법칙을 알고 있기 때문에 그렇게 이야기한 것이다.

사람이 안다는 건 뜻을 알고 있다는 것이다. 유능한 엄마는 어린아이의 울음소리를 듣고 그 마음을 순식간에 알아낸다. 예민한 여자는 남자가 무슨 마음으로 다가오는지를 쉽게 간파한다. 이 모든 것이 바로 그 뜻을 알기에 가능하다. 하지만 세상에는 뜻 없이 살고 뜻 모르고 사는 사람이 허다하다.

사람이 책을 읽으며 공부를 하는 것은 뜻을 알고자 함이다. 영어 공부를 열심히 하는 것은 미국 사람과 대화할 때 그 뜻을 알고자 함이 아닌가. 축구 감독은 선수들이 뛰는 것을 보고 지시를 내리는데, 선수들의 움직임에 모종의 뜻이 있다는 것을 알기 때문에 쉽게 지시할 수 있다. 의사도 몸을 이리저리 살펴본 뒤 증세의 뜻을 알고 처방을 내린다.

우주는 생겨날 때부터 이미 뜻을 가지고 태어났다. 그리고 그 뜻 때문에 자연현상이 있는 것이다. 인생도 뜻이 있다. 특히 인간은 다른 생물처럼 막연히 살아가는 게 아니라 가치 있는 일을 위해 움직인다. 삶이란 총체적으로 무슨 뜻이 있는가? 이는 철학적 질문이다. 그 사람의 건강은 어떠한가? 이는 의학적 질문이다. 그 사람은 얼마의 재산을 가지고 있는가? 이는 경제적 형편을 묻고 있는 것이다.

여기 한 사람이 있다. 그는 이미 많은 뜻을 가지고 있다. 자식이 있다면 아버지라는 뜻이다. 직장에서 부장의 직책을 가지고 있다면 그가 부장이란 뜻이다. 돈이 많다면 부자라는 뜻이다. 나이가 많으면 늙은이가 되고 잘생겼으면 미남이라고 한다. 한 사람이 많은 뜻을 가지고 있는 법이다.

공자라는 존재는 무슨 뜻을 가지고 있는가? 그는 성인이다. 보통 사람인 우리와는 완연히 다른 뜻을 가지고 있는 것이다. 소크라테스는 어떠한가? 우리 자신은 하늘 아래 살건만 무슨 뜻을 가지고 있는가? 그냥 보통 사람이라고? 그래서 먹고 자고 본능 따라 사는 게 전부라고? 그래서는 안 된다. 우리는 살면서 계속 자신의 뜻을 높여 나가야 한다. 즉, 큰 뜻을 많이 갖춰 나가야 하는 것이다.

가수는 노래를 잘하기 때문에 팬들이 모인다. 아인슈타인은 인류 최고의 과학자였다. 모차르트는 위대한 음악가다. 우리는 무엇인가? 우리의 정체성이 무엇이란 말인가? 제갈공명은 최상의 병법가로서 당시 세계를 휘저었다. 어떤 재벌은 많은 돈을 사회를 위해 선뜻 내놓는다. 안중근 의사는 대한민국을 침범한 일본에게 일침을 가해 민족정신을 드높였다. 사기를 쳐서 잘 먹고 잘사는 사람은 하늘이 볼 때 악인이다. 돈은 많은데 인격이 없는 사람은 존재의 가치가 아주 작을 것이다. 용감한 사람은 정의의 편에 서서 싸울 수 있다. 자신의 이익만 챙기는 사람이나 저만 잘났다고 뽐내는 사람은 아직 인생의 뜻을 모르는 것이다.

자신이 얼마나 위대한가? 소크라테스보다 잘났나? 나폴레옹처럼 위대한가? 공자와 비교하면 어떠한가? 자신이 이 세상에서 무슨 뜻을 가지고 있는지 잘 살펴봐야 한다. 행복한 사람이라고? 산 속의 다람쥐도 행복하게 잘 살고 있다. 행복이란 스스로의 문제이지 객관적인 문제가 아니다. 뜻이란 객관적이어야 하는 것이다. 미친 사람이 저 스스로만 아는 내용으로 떠들어 댈 때 이를 가지고 뜻이 있다고 말하지 않는다. 말과 행동에 객관성이 심히 결여되어 있다면 그가 바로 미친 것이다. 하지만 뜻이 아예 없는 자는 미친 사람보다 더 못난 사람이다.

우리 자신은 어떠한가? 우리 삶이 객관적으로 그럴듯한 뜻을 함유하고 있는가? 우리는 누구나 미래를 기다리며 사는데, 그것에 무슨 뜻이 있는가? 부자가 되고 싶다고? 그다음엔 무엇이 오는가? 소크라테스가 "너 자신을 알라"고 했던 것은 자신의 뜻을 알라는 의미다. 상황파악이 잘 안 되는 이들이 있는데, 이는 주변에서 일어나고 있는 일의 뜻을 모르는 사람으로 사회생활에 지장이 많다. 이런 사람은 승진도 잘 안 된다.

사람은 모름지기 알아야 한다. 자기 자신부터 시작하여 이웃, 나아가 세상사람, 더 나아가 우주가 뭔지를 알아야 하는 것이다. 세상에 가득 찬 것이 뜻이니 이것을 알아야 진정한 의미로 살고 있다고 말할 수 있을 것이다.

호랑이는 남의 몸을 먹고 살면서 늘 행복해한다. 호랑이는 힘세고 재빠르고 날카롭고 무늬가 아름답다. 그래서 호랑이 값은 아주 비싸다. 우리 인간의 가치는 얼마인가? 호랑이보다는 값이 더 나가야 하지 않을까? 이것은 만물의 뜻을 알아야 가능할 것이다. 뜻을 모르는 자는 목표를 내세워 봐야 객관적으로 큰 뜻을 이룰 수 없는 법이다.

여기서 다시 한 번 묻자. 그렇다면 우리는 왜 주역을 공부해야 하는가? 만물의 뜻을 알고자 함이다. 인생의 뜻을 알아야 인생을 제대로 살고 있는 것이 아닌가. 주역이란 무엇인가? 만물의 뜻을 규명하는 학문이다. 그런데 만물의 뜻은 정해져 있는 것이 아니다. 만물은 때와 장소에 따라 변해간다. 주역은 바로 이 변화를 알려주는 것이다.

공자는 만물의 뜻을 알고자 오랜 세월을 노력했다. 그러다가 주역을 발견하여 크게 기뻐했다. 주역에 바로 만물의 뜻을 규명하는 원리가 있다는 것을 깨달은 것이다. 그리하여 공자는 평생을 주역에 매달리며 수명이 짧음을 한탄했던 것이다.

인간이 주역을 공부하면 크게 발전하게 된다. 만물의 뜻을 알아가는 것이 주역 공부이니 당연히 발전하지 않겠는가. 우리는 만물의 뜻을 공부해 커다란 뜻을 갖는 존재가 되어야 한다.

인생의 뜻을
어떻게
알 수 있는가?

　　주역이 만물의 뜻을 밝히는 학문이란 것은 이미 이야기했다. 그렇다면 우리 인생의 뜻은 무엇인가? 주역으로 인생의 뜻을 알 수 있을까? 먼저 '뜻'이란 무엇인지를 살펴보자.

　　누가 대문 앞에 닭 피를 담은 봉지를 놔두고 갔다고 하자. 이는 무슨 뜻인가? 일단 좋은 뜻이 아니라는 것을 우리는 알 수 있다. 우연히 갖다 놓았다? 이것은 아닐 것이다. 닭 피는 딱히 용도가 없는 혐오스러운 물건이므로 그런 것을 문 앞에 갖다 놓았다면 모종의 뜻이 있을 것이다.

　　꽃을 갖다 놓았다면 이는 무슨 뜻일까? 좋은 뜻일 것이다.

우연은 아닐 테고 무엇인가 좋은 마음을 표현하려 했을 것이다. 그 집에 젊은 여자가 살고 있다면 그녀에게 사랑을 표현했다고 가정할 수도 있다. 칼을 갖다 놓았다면 이는 위협이라고 봐도 무방할 것이다.

세상은 뜻으로 가득 차 있다. 뜻이란 도대체 무엇일까? 고양이에게는 꽃을 갖다 놓았든 칼을 갖다 놓았든 의미가 없을 것이다. 벌판에 꽃이 가득 피어 있는 것이 호랑이에게 무슨 뜻이 있겠는가. 인간이라면 '아름답다'고 말할 것이다.

물론 짐승에게도 뜻이 있다. 토끼가 놀고 있다면 호랑이에게는 먹이로 보일 것이다. 먹이라는 것이 호랑이가 보는 뜻이다. 하지만 우리는 토끼가 놀고 있는 것을 보고 평화롭다고 생각할 수 있다. 같은 사물이라도 보는 존재에 따라 뜻이 다른 법이다. 뜻은 짐승이나 물고기에게도 존재한다. 우리는 일단 인간만이 볼 수 있는 뜻을 논하기로 하자.

인생이 무엇인지 알기 위해 일단 한 사람을 가정하고, 그 뜻부터 살펴보자.

여기 한 사람이 있다. 그가 예의를 모르는 사람이라고 하자. 그러면 우리는 그가 예의를 모르는 사람이라는 것을 인식할 수 있다. 호랑이는 어떤 사람이 무례하다는 것을 모른다. 호랑이 자신에게 예의라는 개념이 존재하지 않기 때문이다.

사람들 중에는 예의가 없거나 적은 사람이 있다. 어떤 사람이 교양이 없다면 우리는 이를 알아차린다. 교양이 없다는 자체는 어떤 뜻을 가지고 있고, 우리는 그 사람을 보면서 그 뜻을 간파할 수 있다. 볼품없이 생긴 사람이 대통령이라면 그에게는 겉보기보다는 내면에 더 큰 뜻이 존재하고 있다는 의미다.

소크라테스는 무슨 뜻을 가지고 있을까? 아주 위대한 사람, 또는 성인인 그의 뜻을 보통 사람은 잘 모른다. 이는 보통 사람이 소크라테스와 같은 뜻을 지니지 못했기 때문에 그를 알아보지 못하는 것이다. 인간이란 최종적으로 뜻으로 평가되기에 그의 뜻이 그의 존재 이유가 된다. 인간이 많은 뜻을 갖추고 있다면 남이 가진 뜻도 알 수 있게 된다.

30년 전 나는 위대한 예술가 백남준 씨를 1년 이상 거의 매일 만난 적이 있었는데 그를 알아보지 못했다. 내가 예술에 뜻을 크게 가지고 있지 못했기 때문이다. 내가 진작 그를 알아봤다면 예술에 대한 어떤 가르침을 받았을지도 모른다. 그를 못 알아보고 그냥 지나쳤던 일이 지금도 후회된다.

인간은 공부를 많이 할수록 가지고 있는 뜻이 점점 달라진다. 훌륭한 일을 많이 하는 사람은 뜻이 다른 것이다. 아인슈타인은 과학에서 위대한 업적을 남겼다. 그에게는 그런 능력이 있었고, 그의 뜻은 바로 과학에 있었던 것이다.

어떤 사람은 대화가 잘 안 통하는 경우가 있는데, 그가 뜻을 알아보지 못하기 때문이다. 그는 선악의 개념이 없거나 상식이 부족한 사람일 것이다. 사람은 자신만큼 남을 알아보게 되어 있다. 남을 존경할 줄 아는 사람은 분명 존경받을 만한 그 어떤 것을 갖춘 사람이다. 그렇기에 존경해야 할 것이 무엇인지 아는 사람은 마땅히 존경받아야 하는 사람이다.

사람은 행위를 보면 그 뜻이 드러난다. 내 자신이 그를 평가할 능력이 없다면 별문제겠으나 내가 제대로 되어 있다면 깊은 뜻을 가진 사람을 알아볼 수 있을 것이다. 공자는 이렇게 말했다.

"남이 나를 알아주지 못하는 것을 걱정하지 말고 내가 남을 못 알아보는 것을 걱정하라(不患人之不己知, 患不知人也)."

못난 사람은 남이 잘난 것을 제대로 못 알아본다. 반면 잘난 사람은 남의 잘난 것도 잘 알아본다. 이것은 뜻이 깊은 사람이 뜻 깊은 사람을 알아본다는 말이다. 인간은 결국 뜻있는 존재가 되어야 한다.

소크라테스라는 사람의 뜻이 무엇인가? 아인슈타인의 뜻은 무엇인가? 공자의 뜻은 무엇인가? 우리는 이들에 대해서는 키가 크다거나 몸무게가 적게 나간다거나 돈이 많다거나 등으로 가치 평가를 하지 않는다. 그들에 대해서는 호랑이와는 다른, 무식한 사람과 다른, 악한 사람과 다른 그 어떤 뜻을 평가하는 것이다.

사람이라면 자기 존재의 뜻을 점점 높여가야 하지 않을까? 우리가 돈을 많이 모은다고 우리 존재가치가 높아지는 것은 아니다. 우리가 어떤 사람이 되어야 하는지가 중요한 것이다. 딱히 어떤 사람이 되라고 나는 말하지는 않겠다. 다만 무엇인가 존재가치가 높은 사람이 되라는 것을 말하고 싶을 뿐이다.

존재가치는 인생의 목표라고 말할 수 있다. 뜻 없이 평생을 살면 뜻 없는 사람이 된다. 뜻있게 산 사람은 뜻있는 사람이 된다. 그런데 뜻이라는 것에도 수준이 있다. 공자는 이렇게 말했다.

"아침에 도를 깨달으면 저녁에 죽어도 좋다(朝聞道 夕死可矣)."

공자의 수준은 과연 어떠했을까? 그는 천지만물의 통합적인 뜻 하나를 알고자 했다. 그것을 '도'라 해도 좋고, 그저 '최고 가치'라고 해도 좋다. 소크라테스가 "너 자신을 알라"고 말했을 때 몸무게나 돈, 권력, 지식, 가족관계를 말한 것은 아닐 것이다. 우리 자신이 천지의 뜻과 부합되는지 그렇지 않은지를 물었을 것이다. 그리고 우리 자신을 고쳐나가라고 했을 것이다.

우리는 자신의 진정한 뜻을 알아야 한다. 세상에 별 뜻도 없는 존재가 뽐내면서 살면 안 될 것이다. 자신의 뜻을 알고, 또한 자신의 뜻을 높이는 일이 진짜 가치 있는 일이 아닐까?

주역은 만물의 뜻을 규명하는 학문으로, 우리는 주역을 통해 만물의 뜻을 무한히 깨달아나갈 수 있게 된다. 그렇기 때문에 우리는 살면서 반드시 주역을 공부해야 한다.

공자가 주역을 50세에 발견하고 크게 기뻐했던 이유가 바로 주역이 만물의 뜻을 알게 해주는 학문이기 때문이다. 세상에 살면서 세상의 뜻을 모르면 되겠는가? 나로 살아가면서 나의 뜻을 모르면 되겠는가?

2

주역의 실체

사물의 핵심에
다가서는
길

오늘날에 와서는 동서를 막론하고 주역이 널리 알려져 있다. 특히 지성인의 경우에 주역에 대해 잘 알고 있는 것처럼 보인다. 하지만 이게 그들이 주역의 내용을 실제로 알고 있다는 의미는 아니다. 주역에 대해 이야기하는 사람은 많지만 실제로 주역이 무엇인지를 아는 사람은 매우 드물다. 나는 50년 가까이 주역을 연구하면서 주변에 주역을 공부한다는 사람을 수없이 만나봤다. 그런데 이상하게도 단 한 명도 주역을 제대로 아는 사람이 없었다.

그건 너무 이상한 일이었다. 주역이 그토록 널리 알려져 있다면 누군가 잘 아는 사람이 있어야 하지 않는가? 여기에 더 이 상한 일이 있다. 세상에 주역을 아는 사람이 아무도 없는데 어떻 게 세상에 주역이 퍼지고 그것이 최고의 학문이라고 말하는 것 일까? 주역은 성인의 학문이고 그저 가장 신비로운 학문이라는 소문 때문일까?

이제 주역의 실체에 대해 이야기할 시점인 것 같다.

여기 고양이 한 마리가 있다. 이 녀석은 호랑이를 닮은 동물 이다. 고양이와 호랑이는 크기와 상관없이 같은 유형에 속하는 동물이다. 할퀴고, 나무를 잘 타고, 밤에 돌아다니고, 육식을 하 고, 눈이 둥글고, 몸이 부드러우며, 동작이 빠르고, 무서움이 없 고, 인정머리 없고, 높이 뛰어오르는 등등 고양이의 속성은 호랑 이의 속성과 일치한다.

고양이는 개나 닭과는 매우 다르다. 사람과 원숭이는 어딘지 모르게 서로 닮아 있는데, 고양이와 호랑이가 바로 그렇게 닮았 다. 이러한 닮은 성질을 동물학자들은 일찍이 간파했다. 자연계 에 있는 모든 동물은 서로 닮은 것끼리 분류할 수 있다는 것이다.

오랜 세월이 걸렸지만 오늘날에 와서는 모든 동물을 분류하 고 그 특성을 조사함으로써 동물 전체에 대한 인간의 이해가 깊 어지게 되었다. 식물도 마찬가지다. 처음에 할 일은 분류고, 그다음은 분류된 것들이 어떤 특성을 갖느냐를 파악하는 것이다. 이러한 작업을 계속하면 할수록 동식물에 대해 완전한 해석에 이를 수 있다.

여기서 하나만 짚고 넘어가자. 지구에는 무수히 많은 동식물이 있지만 그 모든 것은 세포로 이루어졌으며, DNA라는 공통분모를 갖고 있다. 수많은 생물이 있지만 분류를 통해 조금씩 이해를 깊이 한 결과, 이제는 생물이 무엇이냐는 질문에 답할 수 있게 되었다. 이로써 생물의 정체를 파악할 수 있게 된 것이다. 우리가 만일 사물에 대해서도 이러한 작업을 할 수만 있다면 그것은 사물을 이해하는 데 절대적인 수단이 될 것이다.

다시 고양이를 보자. 고양이의 외형은 호랑이나 사자, 표범, 치타, 재규어, 살쾡이 등과 닮아 있어서 같은 종류로 확실히 분류할 수 있다. 그렇다면 고양이의 마음은 어떠한가? 아마도 호랑이와 많이 닮아 있을 것이다. 그럼 그 성질 또는 성격을 구체적으로 생각해 보자.

여기에 주역이 등장한다. 고양이, 호랑이는 성질이 ☱이다. ☱는 주역의 암호로, 이것을 사용하면 사물을 이해하는 데 있어 매우 편리하다. ☱는 연못을 표현하는 데 쓰기도 한다. 연못? 다소 의아할 것이다. 그러나 조금만 참고 계속 따라가 보자.

호랑이의 마음은 잠시 제쳐두고 연못과 닮은 것은 무엇이 있을까? 그릇. 바로 이것이 연못과 닮아 있다. 연못도 그 속에 무언가를 담는 데 쓰는 것이고 그릇도 마찬가지다. 연못은 물을 담는 것이니 그릇과는 좀 다를 수 있다고 생각할 수도 있다. 그 문제는 뒤에서 다시 생각해 보고 지금은 일단 연못의 기능이 담는데 있다는 것에 주목하자. 담는다는 성질은 그릇이나 연못이나 마찬가지다.

자루는 어떤가? 이것도 담는 데 쓰는 것이니 그릇에 해당된다. 상자는? 마찬가지다. 가방은? 지갑은? 주머니는? 다 같은 뜻이 있다. 이 모두를 ☰로 표현한다. ☰는 그 범위를 무한히 넓힐 수 있다. 우리가 사는 방도 그릇이다. 아기를 안고 있는 엄마의 품도 ☰에 해당된다. 고향 땅은? 이것도 ☰의 뜻이다. 사람을 포근하게 감싸주기 때문이다. 단골집도 ☰이다. 조국은? 이도 마찬가지다. 그 안에 국민을 담아놓고 있기 때문이다. 여자의 몸은? 이것도 ☰이다. ☰는 그릇이나 지갑과 같은 뜻이 있다는 것만 이해하면 된다. 상자와 그릇, 지갑, 가방이 같은 뜻인지 모르겠다면 이는 조금 곤란하다.

그러나 이해가 힘들다고 걱정할 필요는 없다. 우리 인간은 천부적으로 비슷한 것을 간파할 능력이 있다. 이 때문에 20년이나 지난 동창생의 얼굴도 쉽게 알아볼 수 있다. 20년 전과 지금은 분명 많이 다르다. 하지만 비슷한 맥락을 찾는 능력 때문에 아무리 변했다 하더라도 동창생을 딱 집어낼 수 있다. 인식의 본질이 바로 패턴인데, 인간은 사물을 족집게처럼 간파하는 것이 아니라 두루뭉술하게 닮은꼴부터 인식한다. 고양이를 본 적이 있지만 호랑이를 처음 본 사람은 '큰 고양이 같구나' 하는 느낌을 갖게 된다.

☰☷의 뜻을 더 넓혀보자. 우리의 마음은 어떤 것인가? 그것은 바로 그릇과 같다. 그 구조가 어떻든 마음은 경험과 느낌을 담아놓는 그릇인 것이다. 여기서 좀 더 들어가 보자. 덤벙대는 사람과 침착한 사람이 있다면 어떤 사람이 연못과 닮아 있는가?

연못은 물을 담아놓고 밖으로 범람하지 않게 한다. 침착한 사람도 이와 같다. 비록 혼란 속에 있다 하더라도 정신이 무너지지 않고 평정을 유지할 수 있다. 평정은 바로 마음이 ☷ 상태를 유지하는 것을 뜻한다. 침착하고 평정한 사람은 좀처럼 내면을 드러내지 않는 자세를 유지한다. 우리가 물그릇을 옮긴다고 해보자. 침착하지 않으면 물을 출렁이게 하고 마침내 넘치게 만든다. 마음도 마찬가지다. 덜렁대는 사람은 침착하지 못하기에, 그 마음이 밖으로 노출되고 요동치게 된다.

요동을 감싸는 능력이 바로 ☷이다. 동전 지갑을 보자. 지갑이 없으면 동전은 흩어진다. 그러나 지갑은 동전의 요동을 가두어 놓는 것이다. 침착, 평정은 오랜 수련을 통해 얻어질 수 있는 인간의 위대한 덕목 중 하나다.

김연아 선수를 생각해 보자. 그녀는 스케이팅 기술에 있어 세계 제일인데, 그 능력은 어디서 비롯되는 것일까? 그것은 단순히 기술 수련을 통해 얻어지는 게 아니다. 기술을 익히고 그것을 잘 펼치려면 무엇보다도 침착해야 한다. 김연아 선수는 전 세계 수억 명의 사람들이 바라보는 가운데에서도 침착한 마음을 잃지 않았다. 그렇기 때문에 그 놀라운 기술들을 펼칠 수 있었던 것이다. 기술만 있고 침착이 없었더라면 마음이 떨릴 것이고, 그로서 실수를 하게 되는 것은 뻔한 이치이다.

'담겨 있다는 것'의 작용은 매우 놀랍다. 어린아이는 엄마의 품속에 담겨 있을 때 그 마음도 평안해진다. 무술의 달인이 가장 먼저 갖추어야 할 능력은 기술이 아니라 바로 평정이다. 그들은 많은 기술을 연마하지만 가장 갖기 힘든 게 평정을 유지하는 것이다. 도인들이 벽을 바라보며 명상을 하는 이유도 바로 평정을 기르기 위해서인데, 평정이 없다면 생각도 얕아지는 법이다. 도인은 평정을 수련함으로써 세상을 꿰뚫어 보는 능력을 갖게 된다.

사람은 누구나 조금씩은 들떠서 살고 있는데, 이것이 심하면 병을 초래하고 나쁜 운명을 끌어들이게 된다. 넘치지 않는 법, 이것은 매우 중요하다. 고양이의 태평한 모습을 본 적이 있는가? 고양이는 유연하고 침착하다. 고양이는 당황하는 법이 없고, 언제나 태평하고 행동을 하는 데는 정밀하고 침착하다. 고양이는 한마디로 침착한 동물인 것이다. 호랑이도 마찬가지다. 옛사람이 호랑이에 대해 ☰의 성질을 가졌다고 말한 것은 정밀하고 탁월한 분석이라 볼 수 있다.

우리 인간은 어떤가? 나 자신부터 침착한 사람이라고 말할 수 있는가? 곤란한 일을 당했거나 위기에 처했을 때 침착한 자세를 유지하는가? 참 어려운 일이다. 뛰어난 싸움꾼이었던 김두한은 어떤 상황에서도 평정을 잃지 않았다고 한다. 그래서 그러한 싸움 능력을 발휘할 수 있었을 것이다. 침착하지 못한 사람은 적을 마주했을 때 마음이 흔들려서 싸워보지도 못하고 패한다. 호랑이에게 물려가도 정신만 차리면 된다는 옛말이 있는데, 이는 어떤 상황 속에서도 침착하라는 뜻이다.

고양이를 다시 보자. 언젠가 내가 TV에서 본 것으로, 고양이의 침착함을 잘 보여주는 장면이 있었다.

고양이의 바로 앞에 거대한 악어가 한 마리 있다. 그 악어는 물 밖으로 막 나오는 중이었는데 고양이가 막아섰다. 고양이는 앞발로 악어의 콧등을 탁탁 쳤다. 악어는 약이 잔뜩 올라서 앞으로 확 달려 나왔다. 단번에 물어버리려는 것이다. 그러나 고양이는 가볍게 뒤로 물러나면서 피하고는 다시 악어의 콧등을 쳤다. 악어는 잔뜩 벼르다가 재빨리 앞으로 나왔다. 하지만 이번에도 고양이는 침착하게 피했다. 같은 동작이 여러 번 이어졌다. 마침내 악어는 물속으로 피해버렸다. 고양이는 도망가는 악어를 물끄러미 바라보고는 별 일 없다는 듯이 딴청을 부리고 있었다.

여기에서 중요한 것은 고양이의 침착성이다. 사람이라면 물밖으로 나오는 악어를 보고는 혼비백산했을 것이다. 나라면 1킬로미터쯤 도망가서 망원경으로 살펴볼지언정 악어 앞에 나서고 싶지는 않다. 악어는 몹시 느린 것처럼 보이지만 실제로는 매우 빠르다. 게다가 나는 악어 앞에서 도저히 고양이처럼 침착할 수 없다. 침착은 인간이야말로 갖추어야 할 덕목인데, 고양이에게 그런 능력이 천부적으로 주어졌다는 것은 참으로 부럽다. 물론 지금은 고양이의 능력을 칭찬하고자 하는 게 아니다. 우리가 지금까지 이야기한 것은 주역의 분류 기능이다.

☲는 주역의 팔괘 중 하나로, 이제 우리는 세상을 분류하는 1가지 방법을 배웠다. 주역의 팔괘는 온 세상을 8가지로 구분할 수 있다는 것인데, 그중 ☲ 하나만 알아도 인간에 대해 평할 수

있는 1가지 조건을 확보한 것이다. 저 사람은 침착한가, 그렇지 않은가?

또한 ☵는 담겨 있다는 의미인데, 담겨 있고 담겨 있지 않은가를 통해 인간의 됨됨이도 논할 수 있다. 행동이 단정한 사람은 ☵로 분류되는데, 단정함의 정도에 따라 ☵이냐 아니냐를 평가할 수 있다. ☵의 덕성이 없는 사람은 범죄인이 되기 쉽다. 또한 침착하지 못한 것은 일종의 신경성 질환처럼 보이기도 한다. 우리는 이렇게 잠깐 사이에 세상을 구분하는 새로운 방법을 배웠다.

그렇다면 ☵을 조금 더 살펴보자. 교양 있는 사람, 절제력이 있는 사람을 ☵라고 평가할 수 있다. 그렇지 못한 사람은 자기 통제력이 미약한 사람으로, 소위 막간다고도 표현할 수 있는데 이들은 ☵와 거리가 멀다. 연못 같은 사람, 즉 ☵인 사람은 생명력을 안에다 간직할 수 있는 사람이다. 그렇지 못한 사람은 기운의 낭비가 심하다. 일찍 죽는 사람도 ☵의 기운이 부족해서 그런 것이다. 사고를 잘 치는 사람도 그와 같은 성향이 있다. 나 자신부터 ☵의 덕성을 갖추고자 하지만 쉽지 않다.

사람을 볼 때 ☵의 요소를 보면 그 사람의 많은 것을 알 수 있다. 마음의 노출이 심한 사람은 믿기 힘든데, 이런 사람은 쉽게 의리를 잊어버리기 때문이다. 즉 담아놓는 능력이 약한 사람인 것이다.

　주역은 세상을 이런 방식으로 바라봄으로써 우리가 크게 힘들이지 않아도 사물의 핵심에 다가설 수 있도록 해준다. 이것이 주역의 가장 기본적인 힘이다.

비행기와
참새

닐스 보어는 모형 비행기를 좋아하여 직접 제작하기도 했는데, 실력이 상당한 수준에 이르렀던 것 같다. 그는 어느 날 근사한 비행기 모형을 만들어 문 앞에 매달아 놓았다. 그걸 본 제자들이 물었다.

"선생님, 이 비행기는 무엇인가요?"

"그걸 매달아 놓으면 행운이 온다고 해서 말이야."

보어는 제자들의 질문에 대답한 뒤 대견한 듯 비행기를 바라보았다. 그러자 제자들이 말했다.

"선생님, 비행기를 매달아 놓으면 행운이 온다는 말을 저희는 믿지 않습니다. 과학자라는 분이 그런 걸 다 믿으시다니……."

제자들이 의아한 표정으로 보어를 바라보았지만, 그는 웃으며 이야기했다.

"비행기를 매달아 놓으면 그걸 믿지 않는 사람에게도 행운이 온다는군. 자네들도 행운을 얻게 될 거야."

보어의 제자들까지 행운을 얻었는지는 확실치 않다. 하지만 닐스 보어는 '현대 물리학의 교황'이라고 불릴 정도로 뛰어난 능력을 발휘해 노벨물리학상을 수상했으며, 그의 아들 역시 노벨물리학상을 수상했다. 그렇다면 비행기 모형이 행운을 불러온 것인가?

얼마 전 친지로부터 재미있는 이야기를 들었다. 친지가 여행을 며칠간 다녀왔는데, 돌아와 보니 집에 누가 들어와 있었다. 사람이 아니라 참새 한 마리가 들어와 있었던 것이다. 친지는 여행을 가기 전 문을 단단히 걸어 잠갔기 때문에 어디에도 들어올 틈이 없었다고 한다. 참새가 어디로 들어왔을까 하는 생각에 구멍을 찾아 샅샅이 뒤져보았으나 결국 찾지 못했다. 친지는 참새를 밖으로 보낸 후 나에게 전화를 해 참새가 들어온 것에 무슨 뜻이 있냐고 물었다.

이 상황은 꿈이 아닌 현실이었다. 꿈에 참새가 방으로 들어와도 해석할 거리가 되는데 실제로 그런 일이 일어났으니 궁금하기도 했을 것이다. 말하자면 친지는 참새가 들어온 게 무슨 징조가 아닌지 알고자 한 것이다. 우리들은 꿈에서든 현실에서든 어떤 일이 일어났을 때 징조와 결부시키는 경향이 있다. 지금 일어나는 일이 미래와 연관이 있느냐, 또 연관이 있다면 구체적으로 어떤 일이 벌어질 것인지 알고 싶은 것이다.

그런데 이런 질문은 얼핏 보아 과학적인 것 같지가 않다. 하지만 잘 생각해 보면 그냥 지나칠 일은 아닌 것 같다. 일기예보를 보자. 예보관들은 어떻게 미래의 기후를 미리 말할 수 있는가? 그것은 현재의 징후를 보고 판단하는 것이다. 인디언들은 태풍이 올 것을 미리 알았는데, 그것은 그들이 태풍의 낌새를 먼저 느꼈기 때문이다. 노인들은 밖에 나가보지 않아도 기후를 느끼는 일이 흔하다. 대단한 능력이라고 말할 정도는 아니지만 인간의 신체는 다가올 기후를 미리 감지하기도 한다.

그럼 참새가 무엇을 뜻하는지 살펴보자. 주역에서는 참새를 ☴으로 분류한다. ☴은 바람을 뜻하기도 하는데, 참새와 바람은 날아다닌다는 점에서 그 뜻이 비슷하다. 비행기도 참새와 뜻이 같다. 참새뿐만 아니라 모든 새가 마찬가지다. 날아다니는 것은 바람이든 먼지든 새든 ☴으로 표현한다.

냇물도 ☴인데, 그것은 흐르기 때문이다. ☴은 전해져 오는 소식을 뜻하기도 하고, 새로움을 뜻하기도 하고, 유행을 뜻하기도 하고, 벌판을 뜻하기도 한다. 고양이가 사자와 닮아 있듯이 바람은 새와 닮아 있다. 조금 더 생각해 보면 바람과 닮아 있는 것은 참으로 많다. 길이 ☴이고, 문이 ☴이고, 열려 있는 것이 ☴이고, 쏟아진 물이 ☴이고, 어린아이의 걸음걸이도 ☴다. 진지하게 음미해 보면 주역의 판단이 옳다는 것을 확연히 알 수 있을 것이다.

☴은 새로 발생하는 기운찬 의미도 갖고 있는데, 닐스 보어가 비행기와 행운을 결부시킨 것도 그런 의미가 깔려 있다. 한마디로 비행기는 ☴이기 때문에 그것을 매달아 두면 행운이 온다는 것이다. 집에 참새가 날아든 것도 마찬가지다. ☴의 뜻이 그러하기 때문에 ☴으로 분류된 것은 그 무엇이든 상징이 같다. 융은 상징의 깊은 의미를 주역에서 배웠고, 또한 무수히 많은 사물이 주역의 팔괘로 분류된다는 것도 파악했다. 그가 평생 주역 연구에 몰두한 것은 다 그만한 이유가 있었던 것이다.

☴은 여인의 부드러운 손길 같은 것이다. 부드러움이란 것은 바람과 닮아 있지 않은가! 소식은 어떤가? 옛사람들은 아침에 새 울음소리가 들리면 소식이 전해온다고 해석했다. 우리 누님은 내가 어렸을 때 새 울음소리를 듣고 집배원을 기다리기도

했다. 저 멀리 탁 트인 벌판은 어떤가? 바람과 닮아 있지 않은 가! 바람이나 벌판, 넓은 곳이 다 ☷이고 새롭고 어디론가 통한 곳, 시원하게 달리고 있는 것 등도 ☳다.

우리는 ☳과 닮은 사물을 10개 이상 찾아낼 수 있을 것이다. 20개는 어떤가? 30개는? 많이 찾아낼수록 ☳에 관한 이해가 깊어질 것이다. 우리가 사는 세계에는 ☳이 무한히 많다. 앞서 공부한 ☴와 같은 상황이다.

이제 우리는 주역의 팔괘 중에서 벌써 2개를 배웠다. 앞으로 이들의 의미를 더욱 깊게 논의하겠지만, 모든 만물을 8개의 유형으로 구분할 수 있는데 우리는 어느새 4분의 1을 깨닫게 되었다. 자, 앞으로 더 나아가자.

바람과
연못

여기 두 여인이 있다. 한 사람은 성격이 차분하고 내성적이다. 먼저 나서지 않고, 화를 잘 내지 않는다. 남의 말을 잘 받아들이고 자세가 단정하다. 어떤 사람일까? 주역으로 분류하면 ☱에 해당된다. 호수처럼 잔잔한 사람이란 의미다.

☱는 호수만을 뜻하지 않고, '호수 같은' 것을 의미한다. 호수란 자연계에 실제로 있는 어떤 존재를 나타내지만, ☱는 형이상학적 개념으로서 무수히 많은 사물이 갖고 있는 성질을 뜻한다. 호수는 그중의 하나일 뿐이다. 이 차이를 명확히 알아야만 주역을 이해할 수 있다. 예컨대 호랑이는 고양이가 아니고 고양이는 호랑이가 아니지만 두 동물의 성격은 ☱다. 여자의 성격이

☷로 분류된다면 그녀는 수동적 타입으로 볼 수 있다.

반면 ☵으로 분류되는 여성은 외향적이고 지도자 타입이다. 화를 잘 내지만 풀어지기도 잘 한다. 이른바 바람처럼 화끈한 성격이기 때문이다. ☵인 여자는 행동을 먼저 한다. 생기발랄한 타입도 ☵에 해당된다. 사람의 성격이란 원래 알기가 어려운 법인데, ☷와 ☵으로 정해서 분류하니 조금이나마 알기 쉬운 것 같다. 분류의 틀을 이미 갖추었기 때문이다.

이렇듯 사물을 구분하는 기준이 있으면 본래의 성질에 쉽게 접근할 수가 있다. 그리고 사물이란 서로 비교할 때 더 분명해지는 법이다. 처음 ☷를 공부할 때보다 ☵ 하나를 더 알고 나서 서로를 비교해 보면 ☷와 ☵의 의미가 더욱 확연해진다.

이제 이 둘을 좀 더 폭넓게 적용해 보자. 방 안과 벌판이 있다. 어떤 것이 방 안이고 어떤 것이 벌판인가? ☷이 방 안이다. ☵은 벌판이고 바깥이다. 고향은 어디에 해당되는가? ☷이다. 타향은 어디에 해당되는가? ☵이다. 흐르는 것은 ☵이고 고여 있는 것은 ☷이다. 현재 유행인 것은 ☵이다. 필수품은 ☷이고 사치품은 ☵이다.

어려울 것이 있는가? 은행 잔고가 있는 사람은 ☷이고 다 써버린 사람은 ☵이다. 온 세상을 ☷와 ☵으로 분류할 수 있다.

물론 더 세분하려면 더 많은 요소가 필요하다. 하지만 만물의 상태를 알고자 한다면 ☴와 ☱만으로도 상당히 많은 것을 알 수 있다.

알버트 아인슈타인과 제임스 본드의 성품을 비교해 보자. 아인슈타인은 과학자로서 다분히 사색적이다. 그래서 ☴에 해당된다. 반면 제임스 본드는 신출귀몰한 첩보원이다. 바람처럼 날쌘 사람이다. 그래서 ☱에 해당된다. 동적인 사람은 ☱이고 정적인 사람은 ☴인데, ☴과 ☱의 모양은 어떻게 정해진 것일까? 그 문제는 지금 다룰 수가 없다. 아직 넘어야 할 단계가 더 있기 때문이다. 지금은 그저 ☴와 ☱이 있는데, 이 둘은 다양하게 활용될 수 있다는 것만 알면 된다.

☴와 ☱에 대해 조금만 더 이야기하자면 ☴은 음이고 ☱는 양이다. 바람은 음이라고 생각하고 연못을 양이라고 생각하는 사람이 있을까? 너무 어렵게 생각 말자. 흔들리는 것은 양이고 어떤 틀 속에 갇혀 있는 것이 음이다.

어린아이는 어떻게 보호해야 하는가? 어린아이는 연못처럼 안에다 두고 보호해야 한다. 그렇기에 ☱이다. 어머니의 성품이 ☱이면 아이들이 잘 자란다. 하지만 ☴같은 어머니는 아이의 경쟁력을 키울 수도 있다. 어떤 성품이 더 좋은지는 알 길이 없다.

주역의 괘상은 선악이 따로 없다. 그저 그런 성질을 가지고 있다는 것뿐이다.

우리 생활환경을 보자. 산책은 넓은 곳의 기운을 몸과 마음에 유입시키는 것으로 ☰에 해당된다. 이는 우리 생명체의 활동력을 향상시키는 효과가 있다. 그러나 ☰은 노출을 의미하기도 하기에, 심약한 사람은 산책을 지나치게 해서는 안 된다. 우리 몸과 마음을 단련하는 데 있어서도 주역의 괘상을 응용하여 적절한 선택을 할 수 있다.

예부터 무술을 수련하는 사람은 방랑생활을 선호했다. 이는 ☰의 기운을 습득함으로써 자신을 강하게 만들기 위함이었다. 그런데 사람이 기력이 쇠약해져서 병을 얻게 되면 ☰의 기운을 차단하는 것이 급선무다. 방 안에서 안정을 취해야 하는 것이다. 물론 방 안에 머무는 행위는 ☷를 뜻한다.

이상에서 보듯이 주역의 괘상 ☰와 ☷을 알고 나면 그것을 곧바로 사용할 수 있다. 이것이 바로 주역을 알았을 때의 위력이다. 예를 보자. 사건사고가 끊이지 않는 사람은 어떻게 해야 하는가? 그는 ☰이 많으므로 ☷가 필요하다. 따라서 오랫동안 방 안에 머무르면서 정신을 가다듬으면 혼란스런 운명을 잠재울 수 있을 것이다.

반대로 운명이 제자리걸음을 하는 사람은 ☰의 기운이 부족하기 때문에 여행을 통해 사람과의 교류를 늘려야 할 것이다. 외국여행이라도 다녀오면 ☷의 기운을 흠뻑 얻어 운명이 바뀔 수도 있다. 나는 종종 이러한 방법으로 침체된 운명을 개선해 본 적이 있다.

그러나 여기서는 괘상을 응용한다는 사실보다 괘상이 존재한다는 것을 확인하는 것이 더 중요하다는 걸 잊지 말자. 2개의 괘상 ☰과 ☷는 이제 분명히 구분될 것이다. 아무리 생각해도 ☷이나 ☰으로 판단하기 힘든 사물이 있다면 그것은 두 괘상에 속하지 않는 것이다. 다른 괘상을 추가로 알아야 판단할 수 있게 된다. 하지만 지금은 먼저 ☷과 ☰에 집중하자. 두 괘상의 차이를 확실히 알아야 하고, 각각의 괘상에 해당되는 사물을 많이 찾아봐야 한다.

☰과 ☷의 이해를 더욱 깊게 하기 위해 몇 가지 예를 더 보자. 말이 많은 사람은? ☰이다. 거짓말은? 역시 ☰이다. 성실한 사람은? ☷이다. 예의 바른 사람은 역시 ☷이다. 주역의 괘상으로 사물을 분류하면 긴가민가 하는 법이 없이 딱 떨어지게 되어 있다. 그만큼 앎이 명확해진다는 뜻이다.

주역은 아는 만큼 총명해진다. 여러분은 아직 주역의 기초를 다 공부하지도 않았는데 세상의 4분의 1을 꿰뚫고 있는 것이다. 어디 그뿐이랴. 오래 생각하지 않아도 ☷과 ☰을 비교하는 것만으로 답이 척척 떠오른다. 신기하지 않은가!

지혜란 원래 비교함으로써 얻어지는 것이기 때문에 쉬운 것이다. 시원한 느낌이 드는가? 그것은 ☵이다. 무엇인가 알 듯한가? 그것은 ☵이다. 오늘은 ☵이고 내일은 ☵이기에, 항상 공부하고 멀리 보는 능력을 키워야 한다. 지금 우리 역시 주역을 공부해 세상을 멀리 보려 한다.

관우의
마음

여기 우산이 하나 있다. 이 물건은 방패와 비슷하다. 우산은 비를 막는 데 쓰고 방패는 창칼을 막는 데 쓴다. 2가지 모두 무엇인가 막는 데 쓴다는 측면에서 의미가 같다. 그래서 주역의 괘상도 같다. 이것을 ☶로 표시한다.

무엇인가를 막는 것으로 또 어떤 것이 있을까? 담이나 벽이 있다. 이것은 바람을 막고 도둑을 막고 남의 시선을 막는다. 그래서 ☶이 되는 것이다. 산이라는 것은 어떤가? 이것은 무엇인가를 거대하게 막아서고 있다. 방패와 뜻이 같은 것이다. 군사의 진지도 적으로부터 막아주는 역할을 하는 것이니 ☶에 해당된다.

산도 ☷이고, 우산도 ☷이다. 우리가 사는 집은 어떤가? 비를 막고 바람을 막고 잡상인도 막고 도둑이나 강도를 막는다. 집은 가능한 모든 것을 막으니 ☷이다. 사람이 살아가면서 누구를 막론하고 방패막이, 즉 ☷가 필요하다. ☷은 막아줄 뿐 아니라 그 안에 있는 존재가 기댈 수 있도록 한다.

은행에 돈을 저축하고 있다고 하자. 이는 우리가 기댈 수 있는 버팀목이 된다. 직장이라는 것도 우리를 든든하게 해주는 요소 중 하나다. 우리가 인생을 흔들리지 않고 살아가려면 집도 있어야 하고 돈도 있어야 하고 직장도 있어야 한다. 이 모든 것이 ☷다. 충분히 이해될 때까지 깊이 음미해 보라. 세밀하게 따지라는 것이 아니다. 겉보기에 커다란 뜻이 같으면 된다. 군인이 쓰는 철모는 어떤가? ☷이다. 총알을 막아주는 것이 철모다. 두툼한 코트도 바람을 막아준다는 뜻에서 ☷에 해당된다.

어린아이에게 아버지는 어떤 존재인가? 험한 세상으로부터 아이를 보호해준다. 그래서 ☷이다. 아버지의 보호는 어머니의 보호와는 다른 면이 있다. 어머니는 옆에서 부드럽게 보호해주지만 아버지는 멀리 있어도 든든하게 아이를 보호해 준다. 그래서 아버지 없이 자란 아이는 ☷의 성품이 뒤떨어질 수 있다. 성품에 대해서는 뒤에서 조금 더 자세히 이야기할 것이다.

☷의 성질을 가진 또 다른 사물을 찾아보자. 신용이 좋은

사람은 어떤가? 그 사람은 든든하다. 일을 믿고 맡겨도 좋다.
그래서 ☷인 것이다. 말에 신용이 없는 사람은 ☷으로 분류되
는데, 흔히 이야기하는 바람잡이란 말도 이런 성질 때문에 생긴
것이다.

『삼국지』에 나오는 관우는 의리가 굳건하기로 정평이 나 있
다. 유비를 향한 일편단심은 태산처럼 요지부동이다. 춘향이도
이도령에 대한 절개가 태산처럼 굳건한데, 이런 마음도 ☶에 분
류되는 것이다. 군대도 ☶인데, 적으로부터 우리 영토를 지키고
있기 때문에 ☶에 해당된다.

남자는 배짱 여자는 절개라는 말이 있는데, 남자의 배짱은
☶의 성격을 가지고 있다. 여자의 절개는 어떤가? ☶과 비슷한
면이 있기는 하다. 그러나 여자의 굳건한 마음을 표현하기에 더
좋은 괘상이 있다. 바로 ☵이다. 여자는 강하지 않으나 자신을
지킬 수 있다는 뜻에서 ☵는 더욱 명확한 표현인 것이다. 그러고
보니 여자는 ☵, 남자는 ☶의 성격을 가졌다. 몸도 남자는 산처
럼 굳건하고 여자는 연못처럼 유연하다.

우리는 여기서 ☶의 개념을 명확히 알아야 한다. 주역 공부
를 할 때, 하나의 개념을 명확히 깨달으면 다른 괘상을 공부할
때도 큰 도움이 된다. 예를 들어 한 개념을 정확히 깨달으면, 그

개념에 속하지 않는 것을 분명히 구분할 수 있게 된다.

☷을 조금 더 응용해 보자. 남자와 여자가 만나고 있다. 탁자 위에 여자의 핸드백이 놓여 있는데, 이것이 둘 사이에 있다면 이는 무슨 뜻인가? 여기에는 여자의 속마음이 남자의 접근을 막는 중이라는 뜻이 숨어 있다. 이럴 때는 물건이 핸드백이라 하더라도 ☳이 아닌 ☷이 된다. 여기에 주역의 묘미가 있다. 주역에서는 그 물건 자체보다는 그것이 어떤 뜻으로 쓰이느냐에 따라 괘상이 달라진다. 예를 들어 군인이 쓰는 철모는 그 안에 무엇을 담아놓을 수 있는데, 이럴 때는 ☷이 아니라 ☱이 된다.

☷에 다시 집중하자. 침묵은 무엇인가? 이는 소리 내지 않는 것으로 표현을 정지시킨 것이다. 정지라는 것, 이것은 바로 ☷의 주요 성질이다. ☷이 막는다는 것을 뜻하지만, 그 전에 움직이지 않아야 한다는 의미가 함축되어 있다. 기실 ☷은 막는다는 것보다 움직이지 않는다는 뜻이 먼저다. 침묵은 정지를 뜻하지만 외부를 차단하는 효과가 있다. 인간은 어느 때 침묵하는가? 첫째는 자기 단속일 것이다. 그다음은 남과 통하고 싶지 않을 때 취하는 태도다.

또 다른 ☷의 예를 보자. 위축과 긴장이 ☷에 해당된다. 긴장이나 위축은 건강에 몹시 해롭다. 흔히 긴장의 반대로 이완이란 말을 쓰는데, 이는 ☱에 해당된다. 긴장이나 위축은 특히 암을 유발하기 쉬운데, 이는 암이 ☷이라는 의미다.

주역은 인생의 모든 면에 활용할 수가 있다. 무술을 수련하는 사람은 적과 대치했을 때 마음의 안정이 필요한데, 바로 ☷의 덕성이 필요한 것이다. 반면 무대에 선 가수나 배우들은 굳어 있으면 말이 나오지를 않는다. 굳어 있다는 것이 바로 ☷이기 때문에 유연성 결핍이 오는 것이다. 약속을 지켜야 할 때는 굳건히 자세를 유지해야 하기에 ☷의 덕이 필요하다. 하지만 사람이 지나친 고집을 피우면 해로운데, 이는 ☷의 피해라고 할 수 있다. ☷이 좋거나 나쁘다는 뜻이 아니다. 무엇이든 과하면 안 된다는 의미다.

이제 ☷에 대해 배웠으므로 사물에 대한 이해의 폭도 훨씬 넓어졌을 것이다. 우리는 ☷을 추가함으로써 사물을 분류하기 위한 8분의 3에 해당되는 이해 도구를 갖추게 되었다. ☷이냐 아니냐는 구분하기 쉽다. 강한가 약한가? 이것이 ☷을 묻는 것이다. 이처럼 괘상을 응용해 세상에 대한 판단을 다양하게 해보자. 그럼 세상사가 그리 어렵지 않다는 것을 깨닫게 될 것이다.

산의
움직임

바람이 분다. 냇물이 흐른다. 군중이 몰려간다. 이러한 상태는 ☵으로 표현된다. 흘러가고 있는 것은 ☵다. 그렇다면 자동차가 움직이는 것은 어떨까? 자동차가 달릴 때는 냇물이 흐르는 것과는 좀 다르다. 또 탱크가 이동할 때와 여인이 이동할 때는 무엇인가 분명 다르다.

둘 다 움직이는데 도대체 무엇이 다를까? 물이 흐를 때를 생각해 보자. 물은 덩어리째 움직이는 것이 아니다. 흐름의 내면은 부서지고 엉키고 뒤서고 앞서고 섞이면서 움직인다. 그러나 자동차는 육중한 덩어리가 움직인다. 두 움직임은 현저히 다르다. 하나는 부드럽고 하나는 강직하다. 자동차처럼 단단하게 움직이는 것, 육중하게 움직이는 것, 갑자기 움직이는 것은 ☳으로 표현된다. 비행기가 하늘에 떠서 움직이는 것이 바로 ☳다. 독수리가 공중 높이 떠 있는 모습도 ☳다.

하늘에 떠서 움직이는 것을 앞에서 바람 같은 존재로 ☴라고 배운 바 있다. 그러나 조금 더 깊이 생각해 보자. 참새의 움직임은 가볍고 촐랑대는 것이다. 이리저리 목표 없이 즉흥적으로 움직이는 것 같다. 갓난아이의 움직임과도 비슷한데, 독수리는 서서히 육중하게 움직인다. 어른처럼 움직인다. 군인들이 행진할 때 걸어가는 모습을 보라. 이것은 여인의 걸음걸이와는 다르다. 여인의 걸음은 살랑거리는 느낌이다. 부드럽다. 그래서 ☴인 것이다. 그러나 군인의 걸음은 육중하고 씩씩하다. 그래서 ☳으로 표현된다.

☳은 용의 움직임을 뜻하는데, 탱크의 움직임도 이와 같다. 여인의 목소리가 ☴이라면 우렁찬 남자의 목소리는 ☳다. 천둥소리도 ☳에 해당된다. 반면 부드러운 음악소리는 ☴다. 군인의 명령은 ☳이다. 하지만 어린아이의 응석어린 부탁은 ☴다.

☴과 ☳은 둘 다 움직임을 나타내지만 그 느낌은 현저히 다르다. 산은 ☶으로, 육중하지만 움직임이 없다. 반면 ☳은 산처럼 육중하되 움직임이 있는 것이다. 군대가 이동할 때는 ☳고,

소풍 온 사람들이 이동하는 것은 ☰이 된다. 아이의 목소리는 ☰이고 어른의 목소리는 ☷다. 총알이 날아오는 것은 ☷이지만 선풍기 바람이 불어오는 것은 ☰인 것이다.

2가지의 차이가 점점 분명해질 것이다. 조금 더 살펴보자. 노크 소리는 어떤가? 이는 누군가 왔다는 분명한 신호다. 바람 소리는 사람이 온 것인지 아닌지 알려주지 않는다. 이것이 바로 ☷과 ☰의 차이다. 사람이 대화를 할 때 심각하면 이는 ☷이 되지만 농담 정도라면 ☰다. 이는 귀에 걸면 귀걸이 코에 걸면 코걸이 식이 아니다. 현저히 다른 그 무엇이 있다. 그것을 예리하게 판단할 수 있어야 사물을 보는 눈이 명확히 트이게 된다.

사람이 목표를 가지고 의미 있게 움직이는 것은 ☰다. 하지만 목표의식 없이 되는 대로 살아가는 것은 ☷이다. 젊고 듬직한 남성은 무엇인가? 그것은 ☰이다. 아직 움직이고 있지 않더라도 젊음이나 생명력을 간직하고 있으므로 ☰으로 볼 수 있는 것이다.

법정에서 재판관은 ☷로, 그의 판결에 의해 운명이 결정되기 때문이다. 나라에서 법령을 선포할 때도 마찬가지다. 그러나 상품을 선전할 때 나오는 모든 행위는 ☰에 해당한다. 영웅들의 위대한 행동은 어떤가? 그것은 마치 독수리 같고, 용 같고, 탱크 같고, 우레 같다. 따라서 당연히 ☰이다.

영웅의 마음이 원래 ☷이었다. 『삼국지』의 관우를 보라. 그가 마음의 문을 닫으면 ☷이 되고, 한번 움직이면 ☳이 된다. 신 중의 신 제우스의 행동은 바로 ☳이다. 영웅이 역사를 이룩할 때는 마치 하늘의 진동처럼 위대한 움직임이 있다. 그게 바로 ☳이다.

촐랑대는 사람은 ☷이 결여되어 있다. 군자는 행동함에 있어 ☷과 같은 면이 있고 소인배는 ☳과 닮아 있다. 군대의 행동은 어떤가? 바로 ☳이 아닐 수 없다. 장사꾼의 행동과 비교해 보라. 세상에 움직이는 건 생명력이 넘치는 강력한 것이 있는 반면, 대수롭지 않은 것도 있다.

그러나 움직이는 것만이 ☳을 표현하는 것은 아니다. 위엄 있는 모습도 ☳에 해당되고, 땅 위에서 높게 서 있는 기둥도 ☳에 해당된다. 기둥은 원래 높게 세우는 데 의미가 있는 것이지, 그것이 움직이지 않는다는 게 본질이 아니다. 어린아이는 움직이지 않아도 생명력이 넘치기 때문에 ☳이지만, 노인들은 비록 움직이고 있다 해도 생명력이 약하기 때문에 ☷으로 분류된다.

주역의 괘상을 이해하려면 상대적 용도와 의미를 잘 살펴야 한다. 문 밖에서 집을 지키는 사람은 ☳이고, 방 안에서 아이를 돌보는 사람은 ☷이다. 물론 밖에서 지키는 사람을 ☳이라고 해도 된다. 이럴 때 방안에서 아이를 지키는 사람은 ☷이 되는 것이다. 괘상을 해석하는 데 억지는 있을 수 없다.

『손자병법』에 이르기를 "군대가 정지해 있을 때는 산과 같고 움직일 때는 우레와 같다(不動如山 動如雷霆)"고 했는데, 이는 ☶과 ☳의 도리를 말한 것이다.

☶을 좀 더 깊게 살펴보자. 음식을 먹을 때 쓰는 젓가락은 ☰에 해당되는데, 그것이 흉기로 사용될 때는 ☶이 된다. 신발은 ☶인데, 양말은 ☰이다. 두 사물의 차이는 무엇인가? 거짓은 ☰이고 진실은 ☶인데 차이는 무엇인가? 국물에 건더기가 없으면 ☰이다. 수프가 바로 이렇다. 하지만 그 안에 건더기가 있으면 ☶이 된다. 형식이 지나치면 ☰이 되는데, 내용이 충실하면 ☶이 된다. 이만하면 ☶에 대해 감이 잡히는가?

우리가 그동안 공부한 것은 ☰, ☲, ☳, ☶이다. 이로써 주역의 팔괘를 반이나 공부했다. 그러나 여기까지가 어려웠다. 앞으로 남은 4개의 괘상은 아주 쉽다. 따라서 ☰, ☲, ☳, ☶ 4개의 기초를 단단히 다져둘 필요가 있다. 세상의 모든 생각은 이 4개의 괘상으로 이루어지기 때문이다.

지금까지 나온 ☰, ☲, ☳, ☶로 사물을 분석해 보라. 그 많은 문제가 순식간에 풀리는 걸 느끼게 될 것이다. 4가지 괘상만 제대로 익혀도 세상을 보는 눈이 확 달라져 깊이 있는 견식을 갖추게 된다. 나머지 괘상 4가지는 오래 생각할 것도 없이 보는 즉시 이해가 될 것이다.

먼저 나온 4가지 괘상의 적용을 한없이 넓혀보라. 사람의 성격에서 운명에 이르기까지, 세상을 보는 눈이 생겼다는 걸 느낄 수 있을 것이다.

4가지를 다시 한 번 정리해 보자. ☰와 ☷은 움직이지 않는 것이지만 강약이 다르다. ☳과 ☶은 움직이는 것인데 강약이 다르다. 세상에는 강약이 있고, 움직이는 것과 아닌 것이 있다. 잡다한 사물에 직접 뛰어들어서는 보이지 않는다. 한발 물러나서 사물끼리 비교하면서 접근해야 한다. 이미 비교할 매뉴얼은 충분히 갖추어진 셈이다.

한 번 더 적용을 해보자. 사업의 시작은 무엇인가? 그것은 ☳이다. 목표를 가지고 움직여가기 때문이다. 태어남이란 무엇인가? ☶이다. 삶의 강력한 목표가 있기 때문이다. 죽음은 ☷이다. 모든 것이 정리되기 때문이다. 인생에서 ☳은 무엇인가? 이리저리 노력하며 열심히 살아가는 모습이다. ☶는 결실을 얻는 상태다.

주역은 공연히 어려워할 필요가 없다. 알고 나면 세상에 주역보다 쉬운 것이 따로 없다. 쉬운 괘상으로 어려운 세상을 알고자 하는 것이 주역의 목표다. 주역이 세상보다 어렵다면 굳이 주역을 공부할 필요가 무엇이겠는가! 주역은 세상을 깨닫는 가장 쉬운 수단이라는 걸 잊지 말아야 할 것이다.

물은
그릇에
담겨야 한다

우리는 앞서 4가지 괘상을 공부했다. 이는 팔괘의 반에 해당
되는 것으로, 이를 활용하면 무수히 많은 사물에 대해 의미를 부
여할 수 있다. 이제 그것을 확장해 보자.

☱은 연못이고, 그릇이다. 무엇을 담아놓은 것, 또는 담아놓
을 그 무엇이다. 여기 그릇 속에 밥이 담겨 있다고 하자. 그릇은
☱인데, 그 속에 담겨 있는 밥은 어떻게 표현해야 좋을까? 또 가
방 속에 잡동사니가 잔뜩 담겨 있을 때 그것들은 어떻게 표현하
는 게 옳을까? 가방은 분명 ☱이다. 방에 사람들이 머물고 있을
때 이는 방에 담겨 있다고 해도 좋은데, 그것을 어떻게 표현해야

100

하는가? 지갑 속의 동전들은? 어딘가에 담겨 있는 것, 가만히 놔두면 흩어질 수도 있는 것, 이런 것들은 ☷로 표현한다.

물은 그릇에 담겨 있어야 안성맞춤인데, 그 물이 바로 ☵에 해당된다. 어린아이도 ☵인데, 잘 생각해 보라. 어린아이와 물은 닮지 않았는가. 가만히 놔두면 어디론가 흘러갈 것이다. 군중도 물과 닮아 있다. 어디로 갈지 알 수가 없는 것이다. 와글거리는 것은 그것이 무엇이든 간에 모두 ☵로 표현할 수 있다.

그래서 ☵이 담는 그릇이라면 그 그릇 속에 담겨야 할 것이 바로 ☷이다. ☵는 담는 그릇으로, ☷이 담긴다는 뜻이다. ☷은 일정한 모양 없이 자유로운 상태를 의미한다. 딱딱한 물건은 아니다. 흐물흐물한 어떤 것, 덩어리가 아닌 가루, 집단을 형성하는 것 등이 모두 ☷에 해당된다.

국민도 ☷로, 국가의 영토가 그들을 담아놓는 그릇이다. 유치원 선생님은 아이를 돌보는 것이 임무인데, 돌본다는 것이 바로 ☵이고 돌봄을 받는 것이 바로 ☷이다. 인간의 감정도 ☷에 해당되는데, 감정은 특별한 원리가 있는 게 아니다. 제멋대로 움직이는 마음에 의한 현상이다. 이것은 통제되어야 마땅하다. 본능도 마찬가지인데, 제멋대로 놔두면 남에게 폐가 되는 경우가 있기에 통제되어야 하는 것이다.

자유는 원래 일정한 틀이 없고 아무렇게나 변할 수 있는 것이어서 역시 ☰이라 말할 수 있다. 어두움이란 것도 ☷에 해당되는데, 왜 ☷인지 다소 의아할 수도 있다. 그러나 어두움은 방황과 많이 닮아 있기에 ☷가 된다. 물론 ☷이 어두움이라는 것은 그 구조 때문이기도 한데, 이것은 다시 다룰 것이다. 지금은 사물의 외형적 뜻을 살피면 된다.

주차장에 많은 차들이 이리저리 널려 있으면 그것은 ☷에 해당되고, 주차장은 ☰에 해당된다. 흐르는 물에 있을 때, 흐름이라는 것은 ☰이지만 그 내용물은 ☷이 된다. ☰은 흐름으로, ☷이 흐르는 것이 ☰이다. 그러나 사물을 살피는 데 있어 흐름이나 담겨 있는 것이 중심인지, 그 내용물 자체가 중심인지는 분명히 구분할 수 있어야 한다. 총탄은 ☷인데, 그것이 빗발치듯 날아온다면 그것은 총체적으로 ☰이 된다.

주역의 뜻은 우리가 무엇을 선택하느냐에 따라 정해질 수 있다. 푹 파인 곳은 그곳에 무엇이든 담길 수 있으니 ☷이겠지만, 함정이란 뜻에서 보면 ☷이 아니라 ☷이 된다. 여기서 중요시해야 하는 것은 물리적 모양이 아니라 그것이 어떻게 쓰이는 중인가다. 연못이 수영하기에 적합하고 현재 그런 용도로 쓰이고 있다면 당연히 ☷이 된다. 하지만 노인이나 어린아이에게는

☵이 함정 그 자체가 될 수 있고, 실제로 연못이 사람들을 빠져 죽게 만드는 곳이라면 그것은 ☵이 될 수밖에 없다.

번민이란 것도 ☵에 해당된다. 생각을 어지럽게 만드는 것이 번민이므로 그것은 잡다하고 통제되지 않은 사물, 즉 ☵이라 할 수 있다. ☵은 영양분을 일컫는데도 쓰는데, 음식이란 결국은 잘게 부서져서 우리 몸으로 이동하는 것이기 때문이다. 어두운 심정도 ☵이고, 근심도 ☵이다. 구름도 ☵이고 혼돈도 ☵에 해당된다.

우주가 태초에는 혼돈이었고, 혼돈은 사물이 잡다하게 움직이고 있어 그 모양을 그릴 수 없는 상태를 말하는 것으로 ☵이 될 수밖에 없다. 예측할 수 없는 것도 ☵인데, 혼란스러운 것은 어떻게 될지 알 수가 없기 때문이다. 여인의 마음도 ☵인데, 특별히 정해진 방향이 없어서다.

마음이 여린 것은 ☵로, 단단히 결정되어 있는 것은 ☵으로 표현한다. 쉽게 부서지는 비스킷도 ☵인데, 엿처럼 질겨 끊어지지 않는 것은 ☵에 해당되지 않는다. 또 어떤 것이 ☵에 해당될까? 통일이 되어 있지 않은 백성의 마음도 ☵에 해당된다. 이처럼 뭉쳐지지 않는 것, 모래 같은 것들이 모두 ☵이다. ☵은 참으로 다루기 어려운 존재다. 어려움이란 자체도 ☵으로 표현한다. 구멍도 ☵이고, 저절로 흩어지는 존재도 ☵이고, 패잔병도 ☰☰이고, 지리멸렬한 것도 ☰☰이고, 핵심이 없는 대화도 ☰☰에 해당된다.

　고독이란 것도 ☰☰에 해당되는데, 마음이 특별히 향하는 데 없이 방황하는 것이 바로 고독이기 때문이다. 쉽게 찢어지는 사물도 그것이 무엇이든 간에 모두 ☰☰에 해당된다. 남녀 간의 연애에 있어서 정신적이기보다 육체적으로 빠지게 되면 그것은 ☰☰인 연애다. 인생에 있어 여기저기 사건이 빈발하면 그것도 ☰☰에 해당되므로, 나쁜 운명 자체가 ☰☰가 된다.

　잠들었을 때도 ☰☰인데, ☰☰은 휴식이라는 뜻이 있다. 무질서도 ☰☰인데, 여자와 어린아이의 마음이 바로 그렇다. 땅이 비옥하면 ☰☰이고, 남녀 간의 대화에 있어 감정이 깃들어 있으면 ☰☰이다. 그렇다면 캄캄한 저 우주는 무엇으로 표현해야 하는가? 바로 ☰☰이다. 미궁에 빠진 사건도 ☰☰에 해당하고, 할 말을 잊고 망연자실할 때도 바로 ☰☰으로 표현할 수 있다. 미래도 ☰☰인데, 앞날을 알 수 없기 때문이다. 미지의 세계, 험난한 세계, 딱히 답이 안 나올 때, 무서울 때, 슬플 때, 지쳐 있을 때도 ☰☰다.

　이제 어느 정도 이해가 되었을 것이다. ☰☰이 무엇인지 계속 생각해서 많이 찾아낸다면 깨달음은 더욱 깊어질 것이다. 깊다는 것도 ☰☰에 해당된다. 이제 주역의 괘상 공부가 2분의 1을 넘

어섰다. 괘상 8개 중에 5개를 알았으니 끝이 눈앞에 보이고 있
다. 생각하다 지치면 ☷ 속에 깊은 휴식을 취하면 된다. 그리하
여 우리는 또 앞으로 나아가는 것이다.

빛과
질서

우리는 주역을 공부한 지 얼마 안 되었지만 점점 체계를 잡고 있다. 처음에는 무엇을 어떻게 생각할지 막연했으나 이제 사물을 생각하는 절차를 알았을 것이다. 이는 마음이 질서를 찾아가고 있다는 뜻이다. 질서란 ☷로 표시된다. 우주는 처음엔 혼돈, 즉 ☰이었다. 그러던 것이 차차 질서를 찾게 되어 ☷에 이른 것이다.

☰는 빛을 상징하기도 하는데, 우주의 처음은 한없이 어두워서 두렵고 방향을 찾을 수도 없었다. 그러나 마침내 빛이 등장함으로써 우주는 평화로운 곳으로 바뀌었다. 평화는 ☷에 해당된다. 사람의 마음이 서로 잘 소통되어 공존할 수 있게 된 것이

다. 이 상태가 바로 ☶다. 어린아이의 마음은 ☶인데, 차차 커가면서 어른이 되면 ☷의 상태로 변하게 된다.

☳는 희망이다. 앞길이 보이는 것이다. 막막하면 ☵이지만 가능성이 보이면 ☳다. 모래로 이루어진 땅은 ☷이고, 단단한 땅은 ☶다. 잘 부서지는 비스킷은 ☷이지만, 엿처럼 붙어 있는 것은 ☶다. 접착제는 ☶이고, 그것을 떼어내는 비누는 ☷에 해당된다. 질서가 잘 잡힌 군대는 ☶이고, 명령이 통하지 않는 군대는 ☷이다.

기분이 밝으면 ☲이고 어두우면 ☵이 된다. 이성적인 것은 ☰라 하고, 감성적인 것을 ☷이라 말한다. 가도 가도 끝이 없으면 ☵이고, 목표가 분명하면 ☲이다. 아름다운 것은 ☲이고, 추한 것은 ☵이다. 단정하여 주변을 잘 살피는 자세는 ☲이고, 혼란스럽고 제멋대로이면 ☵인 것이다. 음식을 먹고 있으면 ☵이고, 공부를 하고 있으면 ☲라고 말한다. 문명의 시대, 또는 문명 그 자체는 ☲이다. 꽃도 ☲에 해당된다.

예쁜 얼굴은 당연히 ☲에 해당되고 얼굴이 조화가 맞지 않으면 ☵가 된다. 통합이 잘되는 것은 ☲로 표현하고, 저만 잘나서 하나가 되지 않으면 ☵이다. 전쟁상태는 ☵이고, 평화상태는 ☲이다. 협상이 성공하면 ☲이고, 결렬되면 ☵이다. 긍정적인 사람은 ☲이고, 부정적인 사람은 ☵이다.

⚌의 성질을 더 살펴보자. 따뜻하면 ⚌이고, 추우면 ⚏이다. 답을 맞히면 ⚌이고, 틀리면 ⚏이라 말한다. ⚌는 결실이고 완성이다. ⚏은 파괴된 것이고, ⚌는 잘 만들어진 것이다. 덩어리는 ⚌이고, 가루는 ⚏이다. 군중은 ⚌가 아니다. 군중이란 뭉쳐 있는 것을 의미하지 않기 때문이다. 물론 군중이 하나의 편을 이루면 그것은 ⚌가 된다.

정보는 ⚌이고, 뜻도 ⚌라고 말한다. 뜻 없는 것은 당연히 ⚏이다. 완성은 ⚌이고, 미완성은 ⚏이다. 꿈꾸는 바가 있으면 그것은 ⚌인데, 꿈이 없이 살고 있는 사람은 ⚏에 해당된다. 웃는 것은 ⚌이고, 우는 것은 ⚏이다. 감을 잡을 수 있는가? 떠오르는 것은 ⚌이고, 침몰하는 것은 ⚏이다. 행방불명은 ⚏이고, 소식을 알 수 있으면 ⚌가 된다. 쓸모 있는 물건은 ⚌이고, 쓰레기는 ⚏에 해당된다. 발달된 것은 ⚌이고, 퇴보한 것은 ⚏이다. 밝은 날은 당연히 ⚌이고, 어두침침한 날은 ⚏다.

탈출이나 석방은 ⚌이고, 헤어나지 못하면 ⚏이다. ⚌는 약이고, ⚏은 음식이다. 좋고 친한 사람은 ⚌이라 하고, 싫은 사람은 ⚏이라 한다. ⚌는 젊음이다. ⚏은 어리거나 늙은 상태다. 안심이 되는 것은 ⚌이고, 불안한 것은 ⚏이다. 옷에 무늬가 있으면 ⚏이고, 연계되어 있는 것도 ⚌이고, 각각 노는 것은 ⚏이다. 남자는 ⚌로 대표되고, 여자는 ⚏으로 대표된다.

불은 ☲고, ☵은 물이다. 주식 값이 오르면 ☲이고, 떨어지고 있으면 ☵이 된다. 유식한 사람이 ☲이고, 무식하면 ☵이다. 점점 확대되는 것은 ☲이므로, 번창하는 사업도 ☲가 된다. 반면 축소되거나 망하는 사업은 당연히 ☵이다. 밖으로 나가 활동하는 것은 ☲이고, 깨어 있는 것도 ☲이다. 집에 틀어박혀 있거나 잠들어 있으면 ☵이다. ☲는 익숙한 것이고, ☵은 낯선 것이다. 꿩은 ☲이고, 호랑이도 그 몸은 ☲라고 표현한다. 꿩이나 호랑이의 무늬가 아름답기 때문이다.

☵를 더 찾아보자. 많이 찾을수록 더 깊이 이해할 수 있을 것이다. 주역 공부를 제대로 하려면 그 괘상에 해당되는 사물을 진이 빠지도록 찾아봐야 한다. 공부는 모름지기 폭넓게 해야 한다. 넓어야 깊어질 수 있기 때문이다.

이제 괘상 6개를 알아봤는데, 이것은 괘상의 99퍼센트를 배운 것이다. 8분의 6이 아니라 99퍼센트다. 사물은 이 6가지로 충분히 표현할 수 있다. 나머지 2가지 괘상 ☰와 ☷은 시간과 공간, 또는 하늘과 땅이라고 하는 것이다. 이 2가지 괘상에 해당되는 것을 빼고, 6가지 괘상에 속하지 않는 것은 없다.

괘상 8개는 글로 따지면 단어에 해당되는데, 이것을 상하로 배치하면 문장과 비슷한 것이 된다. 여기에 나타나는 문장은 만물을 어떠한 상태라도 표현할 수 있다. 따라서 주역은 8개의 단어와 64개의 문장으로 이루어졌다고 해도 과언이 아니다.

주역은 이토록 간단한데 우리는 수천 년 동안 그것을 이해하지 못했다. 그 이유는 괘상을 직접 연구할 생각을 하지 않고, 옛사람의 글에만 매달렸기 때문이다. 주역이란 다름 아닌 괘상의 섭리를 말하는 것이다. 괘상이 주역이고, 주역이 괘상이다. 지금까지 공부한 6개의 괘상이 이해하기 어려웠던가? 결코 그렇지 않았을 것이다. 주역의 괘상은 상식적인 범위 내에서 이해할 수 있다. 괘상만 안다면 바로 이해할 수 있는 것이 바로 주역이다.

그동안 우리는 괘상 6개를 어느 정도 이해하게 되었다. 주역을 이해하기 위해 알아야 할 총 8가지 괘상 중 6개인 ☲, ☵, ☳, ☴, ☶, ☱를 알면 이해하지 못할 것이 없다. 나머지 ☰와 ☷은 특별히 따로 떼어내서 공부할 필요가 없으니, 이제 괘상은 내 손 안에 들어와 있다고 해도 된다.

괘상은 이 8개 외에는 세상에 존재하는 것이 없고, 존재할 수도 없다. 앞으로 우리는 온 세상이 과연 8개의 요소로 되어 있는지 좀 더 심도 깊게 따져볼 것이다.

주역은
어떻게 이루어져
있는가?

하늘의
도

그리스신화에 보면 피닉스(phoenix)라는 새가 등장한다. 이 새는 불에 타 재가 되었는데도 그 속에서 다시 소생한다. 이른바 불사조(不死鳥)다. 그리스신화는 피닉스의 몸이 불멸의 존재라는 것을 이야기하는데, 불멸의 존재는 하늘의 속성이다. 왜냐하면 하늘은 태어나지도 않고 멸망하지도 않는 존재기 때문이다.

하늘은 주역의 괘상으로는 ☰으로 표시하는데, 여기에는 우리 인간에게 가장 큰 교훈이 함축되어 있다. 하늘은 불멸의 존재다. 즉, 하늘의 덕성은 영원히 살아 있는 힘이다. 우리는 이 덕성을 본받을 수 있을까? 죽지 않는 마음, 이것이 바로 괘상 ☰ 이다.

우리 인간은 어떤가? 어린 시절은 힘이 넘친다. 그것은 하늘로부터 받은 원초적인 힘인데, 나이가 들면서 그 기운이 점점 빠져나간다. 그래서 노인이 되면 의기소침해지고 생명력이 빠져 처져 있게 된다. 이 현상은 이상한 것이 아닌가? 우리 영혼은 늙었다고 변하는 존재가 아닌데 왜 이런 현상이 생기는 것일까? 몸이 늙으니 영혼이 그것에 속아서 마음마저 늙게 된 결과다. 우리는 젊을 때조차 병이 나면 의욕이 떨어지는 등 생명력이 감소한다. 주변에서 나쁜 일이 생겨도 마찬가지다. 우리 인간은 태어나서 주변에 일어나는 현상에 따라 생명력의 부침(浮沈)이 계속되는 것이다.

이는 참으로 어리석고 부덕(不德)하다 아니할 수 없다. 어두움을 보면 어두워지고 밝음을 보면 밝아져야 하지 않겠는가. 본연의 마음은 생명력으로 가득 차 있으니 외부 일에 연연할 필요가 없다. 이것을 깨우쳐주는 것이 바로 주역의 괘상 ☰이다. 우리는 인생의 모든 일에 연연하지 말고 항상 하늘의 무한한 생명력을 깊게 확인하면서 살아가야 한다.

끊임없이 생명력을 일으키는 것, 이것은 인생 최고의 자세다. 도인이 추구하는 것이 바로 이런 마음이다. 사람은 태어날 때 하늘로부터 기운을 받고 있는데, 사람마다 다소 차이가 있다.

그것은 그 사람의 영혼의 기질에 따라 일어나는 현상인데, 영웅들은 하늘로부터 받은 기운이 넘칠 뿐만 아니라 끊임없이 기운을 만든다. 그러나 소인배들은 각종 이유를 들어 스스로의 기운을 꺾어가며 산다.

주역 공부를 통해 천지의 뜻을 알아가는 것은 당연하지만, 그보다 먼저 할 일은 하늘로부터 받은 기운을 스스로 크게 일으키는 것이다. 공자는 주역의 괘상 ☰을 설명하면서 군자의 길을 가르쳤다.

"군자는 스스로 힘쓰고 쉬지 않는다(君子以自强不息)."

이는 스스로 보강하면서 영원히 끝내지 말아야 한다는 뜻이다. 생명력이 넘치는 사람은 반드시 크게 성취할 것이며 남도 사랑할 수 있다. 반면 하늘의 기운을 키우지 못해 환경에 따라 이리저리 변하는 사람은 공연히 남을 미워하고 성취하는 바도 적다. "하늘은 스스로 돕는 자를 돕는다"는 말이 있는데, 이는 스스로 일으키라는 뜻이다. 크게 일으키면 크게 통하고 크게 성취할 수 있다.

하늘의 힘이란 넘치면 온 우주를 창조할 수 있고, 한 인간이 하늘의 기운을 본받으면 그 무엇도 이루지 못할 것이 없다. 우리는 항상 하늘의 기운과 함께해야 하는데, 이는 하늘에 빌라는 것이 아니라 스스로 하늘의 기운을 받아내라는 뜻이다. 빼앗아 온다고 해도 좋고, 스스로 일으켜 세운다고 해도 좋다. 맹자(孟子)는 일찍이 부동심(不動心)을 이야기했는데, 이는 하늘의 기운과 항상 일치하여 흔들림이 없다는 뜻이다.

어렸을 때는 천진난만하고 의욕이 넘쳤다. 그러나 살아가면서 마음이 오염되고 공연히 세속 일에 마음이 현혹되어 점점 시들게 되었다. 늙음이란 육체가 늙어가는 것일 뿐 영혼은 늙지 않는 법이다. 다만 문제는 영혼 속에 내재된 하늘의 기운을 잊어버리고 육체에 휩쓸리는 것이다.

본래 가지고 있는 무한한 힘을 항상 확인하면서 살아가야 하는데, 명상이나 수도는 바로 자기 확인의 과정이다. 소크라테스가 "너 자신을 알라"고 한 것도 찌들어가는 인생에 연연하지 말고 하늘로부터 받은 그 기운을 깨달으라고 한 것이다. 속인들은 걸핏하면 우울해지는데, 이는 하늘의 기운이 새어나가 자기 자신도 지탱하기 어렵게 된 것이다.

하늘의 기운은 그 누구도 언제나 일으켜 세울 수 있다. 몸이 늙어가는 것은 어쩔 수 없다 하더라도 마음의 늙음은 적극 경계해야 하는 것이다. 오히려 나이 들어갈수록 마음의 생명력을 더 키워나갈 수도 있는 법이다.

하늘의 기운은 모든 가치를 넘어선다. 몸이 살아 있는 동안 영혼의 기운을 한없이 키워야 할 것이다. 하늘은 영원하기에, 우리도 이 기운과 합일하여 영원한 존재가 되어야 한다. 이것이 주역에서 배울 제1의 덕목인 것이다.

자연에서
배우다

산을 보자. 이것은 긴 세월을 변치 않고 그 자리에 우뚝 서 있다. 산이란 참으로 믿음직스러운 존재다. 언제나 거기 그렇게 서 있지 않은가. 저 옛날 『삼국지』의 영웅 관우는 그 성품이 산을 그대로 닮았다. 이런 것을 '견고성(堅固性)'이라고 하는데, 보통 사람은 바로 이것이 없기 때문에 잘 변하고 의리가 없다.

의리란 인간의 덕목 중에서도 최우선적으로 갖추어야 하는 것인데, 사람은 쉽게 변하기에 의리는 사라지고 만다. 지난날 그 사람은 온데간데없다. 몸은 여기 그대로 있는데 그 마음은 어떻게 바뀌었는지 그 사람이 아니다. 그래서 사람을 믿고 돈을 빌려 주었거나 함께 사업을 하면 낙심하게 된다. 피해도 따른다. 친구를 잃고 슬픔에 젖기도 한다.

배신이란 대개 약해서 생기는 것인데, 배신이 많아지면 세상은 참 무서운 곳으로 변하게 된다. 믿을 수 없는 사람이 득실거리고 있으니 잠시도 마음 놓을 수 없는 것이다. 사람이 산처럼 견고하다면 모든 사람이 서로를 믿을 수 있을 것이다.

산은 강하고 믿을 수 있으며, 인내심이 있다. 산은 주역의 괘상으로 ☶인데, 우리가 산의 성격을 배운다면 인내심도 얻을 수 있다. 또 그 견고함을 배우면 의리 있는 사람이 되고, 세상의 버팀목도 될 수 있을 것이다. 약하고 잘 변하는 사람은 사회를 불안하게 하는 것은 물론 자신의 운명도 믿을 수 없게 만든다.

맹자는 누군가 "당신은 성인인가?"라고 물었을 때 자신은 부동심(不動心)을 갖추었다고 말한 바 있다. 부동심, 산과 같은 견고함은 성인의 덕목이다. 우리는 산을 보면서 마음을 굳건하게 해야 할 것이다. 평생 산을 다니면서도 이를 깨닫지 못한다면 산이 애석해하지 않겠는가.

눈을 돌려 저 들판을 보자. 광활한 바다를 봐도 좋다. 그것에서 우리가 배울 것은 무엇인가? 바로 넓음이다. 인간은 마음이 넓어야 큰 사람이 될 수 있는 법이다. 옹졸한 사람은 참으로 가치가 적은 사람이다. 공자는 말했다.

"군자는 하나의 그릇으로 쓰이는 존재가 아니다(君子不器)."

이는 한량없이 넓은 마음을 가리킨 것이다. 벌판처럼 탁 트인 사람이 되라는 것이다. 벌판은 괘상으로 ☷로 표현하는데, 바람도 같은 뜻이 있다. 바람은 어디로도 갈 수 있는 존재다. 꽉 막힌 사람은 제자리에 서서 쩔쩔매고 남과 교류를 못한다. 바람이나 벌판, 즉 ☷은 소통을 가르치고 있는 것이다. 한 곳에만 머물지 말고 널리 견문을 넓히는 것도 ☷을 닮아가는 것이다. ☷은 가둬놓지 않는다는 뜻이 있다.

이번에는 연못을 보자. 고요히 담겨 있어 분수를 지킨다. 연못은 침착하고 평화롭다. 스스로 갖추고 안정되어 있다. 지킬 것을 지키고 있으나 언제든지 변해갈 수 있는 힘을 가지고 있다. 연못은 ☱로 표현하는데, 기운을 함축하고 고요히 평정을 지키는 모습이다. 보잘것없는 사람은 촐랑대고 분수를 모른다. 마음의 갈피를 잡지 못하는 사람은 ☱의 덕이 없는 사람이다. 호수에 나아가 ☱의 기운을 흡수해 보라.

우레를 보자. 새로움을 향해 발돋움하기 위해 크게 기지개를 켜는 것이다. 사람은 발전해야 하는 법인데 현상에 만족하는 사람은 활동성이 부족한 것이다. 우주는 끝없는 활동으로 진화를 거듭해 왔다. 인간도 이를 배워 항상 발전의 길을 모색해야 한다. 인간이 만물의 영장이 된 것은 그 지치지 않는 활동력 때문이었다.

우레와 같은 활동력은 ☳로 표현되는데, 어린아이의 샘솟는 의욕이 바로 ☳이다. 노인이 되면 사람은 의욕이 상실되는데, 바로 ☳의 기운이 꺼진 것이다. ☳은 진동을 뜻하기도 하는데, 진동이란 자신을 움직일 준비를 하는 것이다.

하늘의 작용이 만물 속으로 파고든 것이 바로 ☳이다. 거대한 우레가 울릴 때 이를 배워 자신의 게으름을 털어내야 한다. 용기 있는 사람도 ☳에 해당되고, 남에게 기운을 북돋아 주는 사람도 ☳인데, 이런 사람들이 사회의 선봉이 된다.

밝은 태양을 보자. 여기에는 희망이 잠재되어 있다. 위대함이란 것도 태양에 비유되는데, 괘상은 ☲로 표현한다. 총명함, 정확함, 친절함도 또한 ☲인데, 사람은 항상 ☲을 남에게 줄 수 있어야 한다. 저 스스로도 밝아야 함은 물론이다. 그리고 사람은 정확해야 한다. 흐리멍덩하거나 불분명한 의식 속에서 살아가면 안 된다.

빛이란 ☲로서 멀리 비추는 성질이 있는데, 우리 인생도 깨달음으로 먼 곳을 바라볼 수 있는 선견지명이 있어야 할 것이다.

태양은 어떤가? 영원히 그 밝음을 유지하고 있다. 마음이 태양처럼 밝아야지 우울해서는 안 된다. 공자는 이렇게 말했다. "마음이 어진 사람은 우울하지 않다(仁者不憂)."

우리는 무엇을 바라보고 있는가? 봐서 안 될 것을 보면 볼 것을 못 보고, 이로 인해 우울함이 생기는 법이다. 태양의 밝음을 본받아 우리는 세상의 빛이 되어야 한다. 보잘것없는 자기만족은 남에게 밝음을 선사하지 못한다. 인생은 위대함을 꿈꾸며 살아가야 하는 것이다.

끝으로 사물 하나를 더 보자. 물인데, 이것의 괘상은 ☵이다. 이 괘상은 휴식과 자유, 감정 등을 뜻한다. 어둠도 이 괘상에 속한다. 사람에게는 때론 휴식과 어둠이 필요하다. 맑은 물에 고기가 적다는 말이 있듯이 너무 밝으면 안 된다. 눈감아 줄 것을 눈감아 주고 자신을 감출 때는 감춰야 하는 법이다. 물의 본성이 그렇다. 그 어느 곳에서도 항상 편안히 존재하면서 움직일 수 있는 때를 기다린다. 물은 한없이 부드러워 남과 다투지 않는다. 물에서 배울 것은 많다. 노자는 말했다. "크게 선한 것은 물과도 같다(上善若水)."

☵은 감정을 뜻하기도 하는데, 인간에게 감정이 없으면 그는 일단 좋은 사람이 아니다. 인간은 감정이 있기 때문에 남과

교류할 수 있다. 감정이 없는 사람, 정서가 메마른 사람은 그가 비록 이성이 투철하다 하더라도 위험한 인물이다.

☰☰은 맛과도 같은 것인데, 사람은 특유의 맛이 있어야 한다. 그것이 바로 감정이다. 감정은 냉정할 때는 냉정하고 또 어떤 때는 따뜻하다. 우리는 어머니의 뱃속에서 따뜻한 감정을 배우고 태어났다. 감정이란 남의 마음을 헤아리는 능력이다. 이것이 없으면 사람은 홀로 가게 된다. 공조(共助)가 이루어지지 않는 사람도 남의 마음을 헤아리는 능력이 없다고 할 수 있다.

물론 사람은 가끔 홀로 있기도 해야 한다. 어둠 속에 서서 세상을 바라볼 때 자신의 존재감을 느낄 수 있다. ☰☰은 미지의 세계를 뜻하기도 하는데, 인생이 바로 그렇다. 사랑도 그렇다. 자유란 원래 미지의 세계에 서서 자신을 지키는 힘이다.

꿈의
세계

우주 공간이 없는 상황을 상상해 보라. 우주 공간이 없다면 별이나 지구, 그 무엇도 존재할 수 없을 것이다. 이때 시간은 흐를까? 시간 역시 존재하지 않는다. 시간이 흐른다는 것은 어떤 공간에서의 흐름을 말하는 것이다. 공간이라는 것이 없는데 시간이 어디에서 흐를 수 있겠는가.

이번에는 시간이라는 것이 없다고 가정해 보자. 시간이 없는데 공간이 있을까? 있을 수 없다. 공간이란 어느 시간의 한정된 공간을 말하는 것이다. 예를 들어 남산이라면 조선시대의 남산인가, 일제시대의 남산인가를 말할 수 있어야 한다.

시간이 없다면 공간이 없고, 공간이 없다면 시간 역시 있을 수 없다. 이것이 일찍이 아인슈타인이 발견한 논리다. 아인슈타인은 시간과 공간을 '한 덩어리'라고 봤는데, 이는 시간과 공간은 떼어놓을 수 없다는 뜻이다. 그래서 과학에서는 우주를 '시공간(時空間, space-time)'이라고 표현한다.

그럼 다시 한 번 생각해 보자. 공간이 없다는 것은 시간과 공간이 모두 없다는 뜻이다. 여러분은 이런 상태를 가정할 수 있는가? 잘 상상해 보라. 아마 상상하기 쉽지 않을 것이다. 우리 인간의 의식은 시공간을 떠나서는 존재할 수 없기 때문이다. 시공간이 없는 상태는 그저 말할 수 있어도 그 상태를 정확하게 그려볼 수 없다.

우리는 지금 시공간이 없다는 가정을 해보는 것뿐이다. 구체적으로 그 상태를 명확히 상상하고 있는 것이 아니다. 그런데 주역에서는 시공간이 없는 상태를 태극(太極)이라 표현한다. 주역은 태극으로부터 시작하는데, 이처럼 태극은 말할 수는 있지만 상상하고 머릿속에 그려볼 수는 없는 것이다.

물론 태극을 이해하려고 노력할 수는 있다. 또는 태극을 간접적으로 이해할 수는 있을 것이다. 그것이 바로 도(道)라고 하는 것인데, 이는 주역의 영역이 아니니 여기서는 넘어가도록 하자. 주역은 태극 다음의 논리로, 바로 음양의 논리라고 할 수 있다. 주역은 음양에서 시작하기 때문에 음양학이라 말해도 지나치지 않다.

그렇다면 음양이 어떻게 시작되었는지 조금 더 살펴보자. 태극, 혹은 태극 상태에서는 시공간이 존재하지 않는다. 이런 상태는 영원과 찰나가 같고, 여기와 저기 무한히 먼 곳도 같은 곳이다. 어딘지도 모르고 언제인지도 알 수 없는 그것은 바로 태극 상태다. 태극 상태에는 신도 없고, 자연도 없고, 법칙도 없고, 있다 없다를 논할 수 있는 존재도 없다. 이런 상태는 영원히 계속되어도 영원이 아니고, 어떤 곳이 그런 상태라 하더라도 그곳이 없다. 말로 할 수 없고, "마음으로도 상상할 수 없다(言語道斷 心行處滅)"는 말이 바로 이것이다.

그런데 어느 순간 갑자기 시간이 만들어졌다. 시간이 흐르기 시작한 것이다. 물론 이 순간 공간도 함께 생겨났다. 이곳이 있고 저곳이 있으며 현재도 있고 과거도 있는 자연이 탄생한 것이다. 이 과정은 다음과 같이 표시할 수 있다.

아무것도 아닌 것 → 그 어떤 것

여기서 '그 어떤 것'은 자연이고, 이를 다른 말로 표현하면 음양이다. 자연과학에서는 태극 상태를 극도의 대칭성이라고 말한다. 이것도 저것도 아닌 것이니 평등하다. 이것과 저것을 나누는 건 불평등한 것이다. 우주가 생긴 것을 과학에서는 자발적 대칭성 파괴(Spontaneous symmetry breaking)라고 말하는데, 대칭성이 파괴될 이유가 없다. 신이 그렇게 시켰다거나 자연의 법칙상 그렇게 된 것이 아니다. 그래서 자발적이라고 하는 것이다.

자발적이라는 것은 제멋대로, 아무 이유 없이, 우연히, 그냥, 막, 자유롭게 생겼다는 뜻이다. 이것을 주역에서는 양이라고 하는데, 모든 것은 양 이후에 존재하는 것이다. 양은 다른 말로 천(天)이라고 하는데, 천은 역시 그냥 존재하는 것이다. 법칙은 천 이후에 생겨났다.

왜냐하면 아무것도 아닐 때는 평등했는데, 양이 생기고 보니 불평등해지고 말았고, 그것을 다시 평등하게 만들려고 음이 생겼기 때문이다. 음은 양을 없애거나 또는 도와줌으로써 평등하게 하는 작용이다. 양이란 이 상태에서 다른 상태로 가려는 성질을 말한다. 즉 대칭성 파괴인 것이다.

그러니까 대자연, 우주, 시공간은 '아무것도 아닌(것) → 대칭성 파괴 → 질서'로 표현할 수 있다. 이 이후부터는 '대칭 → 비대칭 → 대칭 → 비대칭……' 이러한 상태가 영원히 계속되는 것이다. 바로 음양이 작용을 시작했다는 뜻이다.

일찍이 천지 이전과 합일하려는 행위는 '도를 닦는다'는 말로 표현해 왔는데, 그것은 자연의 고향으로 가고자 하는 것이다.

반면 주역은 만들어진 세계의 섭리를 말하는데, 이는 도를 닦는다는 것과는 다르다. 도를 닦는다는 것은 꿈을 깨는 행위다. 공자가 "아침에 도를 깨달으면 저녁에 죽어도 좋다(朝聞道夕死可矣)"고 한 말이 바로 이런 의미다.

그런데 공자는 꿈을 깨려 도는 닦는 한편, 꿈의 세계인 주역도 공부했다. 그것은 꿈과 생시가 하나이기 때문이다. 도를 깨달은 사람도 주역을 공부해야 하고, 주역에 통달한 사람도 도를 깨달아야 한다. 공자는 일찍이 도를 깨달아 저녁에 죽어도 좋은 상황에서 주역을 공부하기 시작했다. 이것을 오후수행(悟後修行)이라고 하는데, 체용(體用)을 완벽하게 터득하고자 함이다. 공자처럼 주역을 공부하고, 더 나아가 도를 깨닫는다면 인생은 더 말할 나위가 없을 것이다.

팔괘의
구조

팔괘는 '복희씨가 하늘로부터 가지고 내려왔다'고 하는 주역의 핵심이다. 복희씨가 진짜 가지고 왔는지는 정작 우리에게 중요하지 않다. 정말 집중해서 봐야 할 것은 팔괘의 내용이다. 이제 우리는 팔괘를 좀 더 깊이, 전문적으로 살펴볼 것이다. 먼저 팔괘를 하나씩 나열해 보자.

☰ ☷ ☳ ☵ ☶ ☴ ☲ ☱

이것들의 대표적인 활용은 다음과 같다.

☰ → 하늘, ☷ → 땅, ☲ → 불, ☵ → 물,

☴ → 바람, ☳ → 우레, ☱ → 연못, ☶ → 산

반드시 명심해야 할 것은 '☴ = 바람', '☶ = 산', '☳ = 우레', '☱ = 연못'이 아니라는 사실이다. ☴은 바람의 어떤 성질을 가진 것이지 바람 자체를 말하는 대명사는 아니다. ☶도 마찬가지로 산 자체가 곧 ☶이라는 것이 아니다. 산의 어떤 성질, 예컨대 움직이지 않는 성질 같은 것을 뜻한다.

이 대목은 주역의 가장 중요한 내용이다. 이것을 모르면 주역의 세계로 한 발도 나아갈 수 없다. 다시 살펴보자.

☰ → 하늘 같은 어떤 것

☷ → 땅 같은 어떤 것

☲ → 불 같은 어떤 것

☵ → 물 같은 어떤 것

☴ → 바람 같은 어떤 것

☳ → 우레 같은 어떤 것

☱ → 연못 같은 어떤 것

☶ → 산 같은 어떤 것

이제 팔괘의 뜻이 좀 더 확연해졌을 것이다. 그러나 이는 나중에 좀 더 깊은 개념으로 수렴될 것이다. 팔괘를 다시 그려보자.

☰ ☷ ☳ ☶ ☵ ☲ ☴ ☱

여기서 무엇이 보이는가? 모든 괘상은 3층의 구조로 되어 있다는 것을 발견할 수 있다. 하지만 3층으로 되어 있다는 것은 2층이 그보다 먼저 있다는 뜻이고, 2층은 그보다 먼저 1층이 있다는 뜻이다. 팔괘의 형성과정을 말하는 것이다. 세상에 처음 나타난 것은 3층 구조의 팔괘였지만, 후에 성인이 나와 3층 구조를 분해하여 각 과정을 설명하였다.

팔괘를 분해해 보자.

⚎ ⚌ ⚏ ⚍

이것은 사상(四象)이라는 것으로, 앞서 잠깐 설명했다. 사상은 사계절 등 순환을 나타내고 있는 그 무엇이다. 그런데 사상을 자세히 살펴보면 2층 구조이다. 사상을 마저 분해하면 ―과 ― ―으로 되는데 이때 ―을 양이라 하고 ― ―을 음이라 하고, ―과 ― ―을 효(爻)라고 부른다. 그러니까 효가 2층 구조로 만들어지면 사

상이 되고, 3층 구조로 만들어지면 팔괘가 되는 것이다. 이는 1층
→2층→3층으로 하나씩 쌓여가는 구조다. 이 과정을 그려보자.

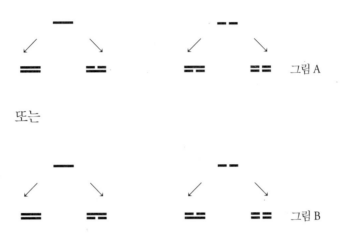

두 그림은 하나의 효에서 만들어질 수 있는 사상을 나타낸
것이다. 그렇다면 그림 A과 그림 B 중 어떤 것이 맞을까? 정답은
그림 A다. 주역을 처음 공부하는 사람은 물론이고 이미 공부했
던 사람도 그림 B는 잊어버려라. 틀린 것이기 때문이다. 다음 그
림을 보자.

이것은 효인데 있을 수 있는 종류가 2개라는 것을 보여준다.

이 중에서 하나만 살펴보자.

━

이것은 양효를 그린 것이다. 무엇이 보이는가? 다시 보자.

하늘

━

땅

이것은 ━ 위에는 하늘이 있고 아래에는 땅이 있다는 것을 표현한 것이다. 만물은 위에 하늘이 있고 아래에 땅이 있다. 하늘과 땅에 대해서는 차차 깊은 공부를 하겠지만 여기서는 사물의 위쪽에는 양의 세계가 있고 아래쪽에는 음의 세계가 있다는 정도로 알아두면 된다.

자, 그럼 생각을 계속 이어가 보자. 만물은 어딘가에서 만들어진 것이다. 즉, 하늘에서 만들어졌다는 뜻이다. 다음을 보자.

↓   ↓
━   ━ ━

이 그림은 양효든 음효든 하늘에서 만들어지면서 내려온다
는 것을 나타낸 것이다. 다시 보자.

무슨 의미일까? 이것은 만들어진 사물은 과거로 흘러간다
는 뜻이다.

여기서 잠깐 시간의 흐름을 보자. 모든 것이 미래로부터 와
서 과거로 사라지지 않는가! 그렇지 않은 것이 있는가? 결단코
없다. 모든 것은 사라지게 되어 있는데, 그 방향이 바로 과거다.
우리가 지면을 볼 때 위쪽은 미래고, 아래쪽은 과거라고 알고 있
으면 된다. 너무 쉽고 당연한 이야기지만 확인해 두어야 한다.
다시 보자.

이 그림의 뜻을 알 것이다. 시간의 흐름 속에 사물(양 또는 음)이 나타나서 과거로 침몰하는 것을 보여준다. 우리가 지금 바라보고 있는 그림의 세계는 전문용어로 위상공간(位相空間, topological space)이라고 하고, 만물을 설명하는 데 쓰인다. 아무것도 그려져 있지 않은 지면도 위상공간인데, 여기서는 단서가 붙는다. 이것은 아주 중요하다.

미래

과거

여기서 시간은 미래와 과거로 전제되어 있다. 무엇인가 전제되어 있을 때를 위상공간이라 한다. 이 말은 그림에는 뜻이 있어야 한다는 것과 같다. 위상공간의 논리를 적용한 예를 보자.

미래

과거

이 그림은 하나의 괘상(즉 만물)이 있을 때 그것은 미래와 과거의 중간에 존재한다는 뜻이다. 이때 과거를 땅이라고 하고, 미래를 하늘이라고 한다. 이제 모든 것이 정리되었다. 팔괘가 만들어지는 과정을 보자.

이 그림에서 무엇이 보이는가? ☰과 ☷을 보자. ☰은 위아래의 2층 구조로 되어 있는데, 아래는 이미 만들어진 것이고 위는 새롭게 만들어진 것이다.

━━━ 　새롭게 만들어진 것

━━━ 　이미 만들어진 것

이 그림은 주역의 위대함을 보여준다. 바로 주역이 어떤 사물이 시간 속에서 움직이는 것을 담고 있다는 것이다. 이제 팔괘의 형성과정을 보자.

이것은 앞에서 설명한 그림 A인데, 위에서 만들어져 아래로 내려가고 있는 모습을 보여준다. 그림을 조금 더 가까이 가서 보자.

새것은 이제 막 만들어진 것이다. 그리고 헌것은 과거로 사라지고 있다. 그림에서 좌측은 ━이 생겨나가고 우측은 ＝이 생겨나가는 중이다. 좌우를 바꾸어도 상관은 없다. 우리는 좌우의 뜻을 전제하지 않았기 때문에 아무렇게나 사용해도 무방하다. 다만 그림에서 위는 미래, 아래는 과거로 전제되어 있다는 것은 꼭 알아야 한다. 그래서 이 그림은 위상공간인 것이다.

이 그림은 이처럼 만들어지는 과정뿐만 아니라 만들어져 쌓여 있는 모습도 보여준다. 즉, 시간과 공간을 다 보여주고 있다는 뜻이다. 쌓여 있는 모습을 살펴보자.

$$\equiv \quad \equiv\!\equiv \quad \equiv\!\equiv \quad \equiv\!\equiv$$

이 그림이 사상인데, 위 아래로 2층 구조다. 이 중에서 2층
에 있는 것은 새로 만들어진 것으로, 이것을 천(天)의 위치에 있
다고 말한다. 반면 아래 있는 것은 이미 만들어진 것으로, 이것
을 지(地)의 위치에 있다고 말한다. 이를 다시 표현해 보자.

━━ 천   ━ ━ 천   ━━ 천   ━ ━ 천
━━ 지   ━━ 지   ━ ━ 지   ━ ━ 지

여기서 천지는 위치를 나타낸다. 정확하게는 미래와 과거를
나타내는데, 더 정확하게 이야기하자면 그림은 시공 좌표를 나
타낸 것이다. 좌표라는 단어에 겁먹을 필요는 없다. 좌표는 위상
공간을 일컫는 것인데, 사물을 보다 쉽게 이해하는 수단이다. 위
그림을 자세히 보면 천에도 음양이 있고, 지에도 음양이 있다는
것을 알 수 있다. 주역에서 음양을 효(爻)라고 하고, 천지로 표시
된 시공좌표는 위(位)라고 말한다. 다시 말하면 주역의 괘상은 위
와 효로 되어 있다는 의미다.

이제 우리는 사상의 뜻을 확실히 알았다. 지금까지 설명한 그림의 뜻을 확실히 이해했다면 사상에 대해 충분히 공부한 것이다. 사상에 관한 한 전문가라고 말해도 된다는 뜻이다.

사상에서부터 다시 시작하자. 사상을 이해하지 못했다면 앞으로 나아가서는 안 된다. 되돌려서 확실히 해두어야 한다. 나는 방금 여러분에게 보여준 이론을 40년 이상, 천번만번 되씹으며 확인했다. 오늘날에 와서도 다시 또 다시 확인하고 있다. 세상 모든 학문이 다 그런 것이지만 기초를 튼튼히 해두어야만 전진 속도가 붙는 법이다. 기초를 천천히 반복해서 확인하는 것은 결코 게으른 것이 아니다. 실은 크게 달려가고 있는 중인 것이다. 앞으로 가보자.

━━   ━ ━   ━━   ━ ━
━━   ━━   ━ ━   ━ ━

이것은 사상인데, 각각 2개의 효로 이루어져 있다. 그런데 사상은 2개의 효 사이에 공간이 있다. 현재 작용하는 곳이다. 효가 하나밖에 없을 때에는 그 주변은 효의 영향권일 뿐 아직 작용하지 않는다. 하지만 하나의 효가 다른 효를 만나면 그 사이에 작용 공간이 형성되고, 비로소 현상이 발생하는 것이다. 그림을 보자.

　　　　━ 천　　　━ ━ 천　　　━ 천　　　━ ━ 천

　　　作用 空間　　作用 空間　　作用 空間　　作用 空間

　　　━ 지　　　━ 지　　　━ ━ 지　　　━ ━ 지

　　그림을 보면 사상 모두가 천지 사이에 작용 공간이 있다. 이 공간에는 힘이 작용하고 있기 때문에 현상이 발생하는 것이다. 현상이란 음 또는 양이므로 다음과 같이 정리할 수 있다.

　　그림에서 사상 모두의 중간에 새로운 효가 나타났다. ━과 ━ ━인데, 이는 나타날 수 있는 경우를 모두 망라한 것이다. 새로 만들어진 것은 괘상이라고 부르는데, 모두 8개이므로 팔괘라고 부른다. 이렇게 되어 팔괘가 만들어졌다. 이것을 한꺼번에 정리해 보자.

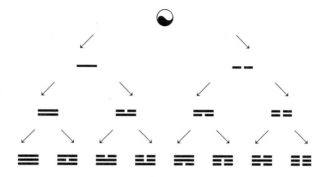

 그림에서 ◐으로 표시한 것이 태극이다. 여기에서 음양이 처음 나왔다. 이어 사상이 되고 팔괘에 이른 것이다. 특이한 것은 사상이 만들어지고 나서는 그 사이에 새로운 효가 발생했다는 사실이다. 이는 두 효가 만나 작용을 시작했다는 말과 같다. 남녀가 만나 결혼을 하거나, 두 사람이 만나 거래를 시작하는 것처럼 무엇인가 현상이 발생한 것을 의미한다.

 이제 팔괘가 완전히 만들어졌다. 과정도 분명하다. 이것을 노자는 다음과 같이 표현했다.

 "도는 하나를 낳고, 하나는 둘을 낳고, 둘은 셋을 낳고, 셋은 만물을 낳는다(道生一, 一生二, 二生三, 三生萬物)."

 여기서 '하나'라는 것은 음효 또는 양효를 말하는데, 1개로 이루어졌다고 해서 1이라고 말하는 것이다. 사상은 2개의 효로 이루어진 것이기 때문에 2라고 말하는 것이고, 팔괘는 3개의 효로 만들어졌기 때문에 3이라고 말하는 것이다. 이를 다르게 표현하기도 한다.

"하늘이 일, 땅이 이, 사람이 삼(天一, 地二, 人三)."

여기서 숫자는 발생 순서를 말하기도 하고 또는 효와 사상과 팔괘를 뜻하기도 한다. 중요한 것은 팔괘가 만들어진 과정이다. 여기 나오는 순서를 잊지 말아야 한다. 지극히 단순한데도 인류는 수천 년 동안 이를 정리해 내지 못했다. 옛사람들은 신비에 사로잡혀 있어서 과학적 논리를 전개할 수 없었기 때문이었다. 팔괘를 다시 보자.

☰ ☷ ☲ ☵ ☳ ☴ ☶ ☱

모두 8개이고, 각각 3층 구조를 이루고 있는데, 여기서는 4층 구조로 발전하지 않는다. 3층으로 완료되었기 때문이다. 세상의 사물은 3가지 조건만 있으면 뜻이 형성되기 때문에 팔괘도 이를 따른다. 앞으로 3의 뜻을 깊게 다룰 것이지만, 여기서는 3층이라는 것이 완비된 구조라고만 알고 있으면 된다.

이렇게 해서 팔괘는 그 전모를 드러내게 되었다. 만물의 뜻이 완성된 것이다. 주역은 팔괘가 서로 만나 작용을 일으키는 것을 추적한다. 팔괘는 이미 만물의 분류일 뿐만 아니라, 이것이 시간의 흐름에 따라 변화하는 것을 추적할 수 있게 만든다. 따라 팔괘로 온 세상에 밝혀내지 못할 것이 없다.

팔괘의 형성은 충분히 익혀두어 추호도 의심이 있어서는 안 된다. 팔괘에 대해서는 몇 번이고 다시 읽어 그 논리 과정을 마음에 새겨두자. 이제 팔괘를 익혔다면 주역 공부에 여유를 가져도 좋다.

3의
의미

주역의 괘상은 3획으로 이루어져 있다. ☳ ☰ ☱ ☵ ☶ ☴ ☰ ☷, 이 팔괘는 만물의 뜻을 상징한다. 그런데 팔괘를 표현하는 것이 왜 하필 3획으로 구성되어 있을까? 왜 1이나 2도 아니고, 4나 5도 아닐까. 반드시 3인 이유가 있을까?

'왜 3인가?'하는 의문은 주역의 괘상을 이해하는 데 있어 매우 중요하다. 팔괘가 만물을 표현한 것이라고 말하려면, 팔괘가 반드시 3으로 만들어진 이유가 밝혀져야 한다. 오늘날 과학에서도 비슷한 문제가 제기되었는데, 왜 공간이 3차원인가 하는 것이 바로 그 문제다. 공간은 근본적으로 무한히 존재할 수 있다. 그런데 우리가 사는 공간은 3차원인데, 왜 하필 3차원이란 말인가?

3차원이란 가로, 세로, 높이 3가지 요소로 되어 있는 것을 말하는데, 우리가 사는 우주가 실제로 그렇게 되어 있는 것이다. 이 문제는 철학적 문제이기도 한데, 노자는 '삼생만물(三生萬物)'이라 하여 3의 중요성을 말한 바 있다. 다만 그 이유는 명확히 밝히지 않았다.

이 문제는 현대과학에서 의문을 제기했고 또한 답도 내놓았다. 먼저 이것을 보자. 실제로 존재하는 공을 하나 떠올려보자. 여기에서 구멍을 2개 뚫어보자. 공은 유지되는가? 유지된다. 이번에는 2차원적인 원을 떠올려보자. 그리고 원에도 구멍을 2개 뚫어보자. 어떻게 되는가? 원이 더 이상이 원이 아니게 된다.

여기서 원이 아니게 되었다는 것은 2차원 존재인 원이 1차원 존재인 선으로 바뀐다는 뜻이다. 그러나 3차원 존재인 공에다 구멍을 뚫는다고 해서 2차원 존재로 바뀌지 않는다. 4차원이나 5차원 또는 그 이상의 차원을 가진 존재도 이와 마찬가지로 구멍을 뚫어도 존재가 바뀌거나 파괴되지 않는다. 3차원 존재는 구멍을 뚫어도 바뀌거나 파괴되지 않는 최초의 존재다.

3이란 완결조건이기도 하다. 카메라를 놓는 삼발이(tripod)라는 것도 다리가 3개이기에 땅 위에 설 수 있다. 평면에서는 삼각형이 최초로 만들어지는 도형이다. 완결조건으로 3은 또 다른 세계에서도 존재한다. 오늘날 과학에서는 물질은 끈으로 되어 있다고 하는데, 양 끝이 서로 만나야 안정이 된다. 이때 만남이란 위상수학에서 3이라고 표현한다. 2개의 요소가 있고 그것을 서로 연결하려면 하나의 요소가 더 필요하다. 그래서 3이라고 하는 것이다.

다른 이유를 생각해 보자. 우주에 어떤 사물이 하나가 있으면 그 반대 성질이 반드시 있기에 2개의 사물이 최초의 사물 숫자가 된다. 그런데 2개의 사물이 존재할 때는 그것이 서로 만나는 경우와 만나지 못한 경우인 2가지 상태가 있다.

서로 만나지 못하면 비교가 되지 않는다. 두 사물이 영원히 비교될 수 없다면 이는 하나의 사물만 존재한다는 뜻이 된다. 2개의 사물이라 해도 서로 비교될 수 있어야 2개인 것이다. 비교라는 요소는 아주 중요하다. 남녀가 있어서 상대를 영원히 만나지 못하면 남자인지 여자인지를 구별할 수가 없다. 즉, 존재하지 못하는 것이다. 그걸 정리하면 이렇게 된다

두 존재 + 만남 → 3

세상이 3으로부터 시작된 이유는 바로 여기에 있다.

이외에 3의 절대성은 얼마든지 이야기할 수 있다. 존재란 3개

일 때부터 뜻이 존재하기 시작한다. 그래서 주역의 괘상은 3획으로 만들어진 것이다. 3이란 완결된 존재 단위다.

오늘날 사회를 보면 입법, 사법, 행정이 있어서 안정이 된다. 가정도 남편과 아내, 그리고 자식이 있어야 평화롭다. 재판 제도도 3심으로 되어 있는데, 그래야 두 성향과 중립이 있어 공정해진다. 과반수 결정에 있어서도 구성원이 최소 3인이 있어야 한다. 2명밖에 없으면 영원히 가결될 수 없다. 서로 반대라면 없는 것과 마찬가지다. 친구 관계도 3명이 있으면 잘 유지된다. 서로 싸울 때 중재자가 있기 때문이다.

세상은 온통 3으로 되어 있다. 이는 존재의 전제조건인 것이다. 주역에서는 팔괘가 3으로 이루어져 있는데, 이는 만물의 뜻은 3에서 나온다는 걸 의미한다.

왜
오행이 아닌
팔괘인가?

오행은 중국인들이 오래전부터 사용해 온 범주다. 그리고 지금도 많은 사람들이 오행 범주로 세상을 분류한다. 한의학이 그렇고 명리학이 그렇고, 동양 악기의 음률도 5개로 분류되어 있다. 주변을 살펴보면 팔괘보다 오행을 사용하는 경우가 훨씬 더 많다. 팔괘보다 오행을 많이 쓰는 이유는 사실 매우 간단하다. 오행은 쉽고 팔괘는 어렵기 때문이다. 그러나 오행은 우주 만물을 모두 다룰 수 없다. 세상의 지혜를 알기 위해서는 반드시 팔괘를 알아야 한다. 어째서 그런지 그 이유를 알아보자.

먼저 사상을 살펴보자.

≡ ≡ ≡ ≡

이것은 4개의 원소로 이루어져 있다. 그런데 이들로 표시할 수 없는 어중간한 성질을 가진 원소들이 있다. 이름하여 '토(土)'라고 하는 것이다. 토는 사상의 중앙인데, 그림으로 보면 알기 쉽다.

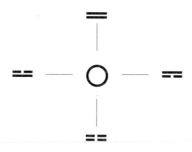

그림에서 **O**은 중앙점으로, 수학에서는 원점이라고 부르는 것이다. 그리고 원점을 하나의 원소로 보면, 원소는 ≡ ≡ ≡ ≡ 4가지와 원점 **O**이 합쳐져서 5개가 된다. 이것이 바로 오행이다. 결국 오행이란 사상에다 원점 하나를 추가한 것이다.

이는 무엇을 뜻하는가? 오행은 음양이 팔괘로 진화하는 과정 중에 존재하는 것인데, 2차원 공간의 성질을 망라한 것이다. 2차원이라는 것은 평면 세계를 말하는 것으로, 옛사람들은 세상을 평면으로 보았다. 그들은 지구가 둥근지 모르고 영원히 하늘 아래에서 평평한 존재로 생각했던 것이다. 그래서 동서남북 네 방향만을 상상할 수밖에 없었다. 그래서 4방 요소를 자기 자신이 있는 원점과 함께 5개 원소로 사용한 것이다. 평면이란 이렇게 4 방 요소와 중앙 원점으로 이룩되어 있다.

오행은 이렇게 2차원적으로 세상을 분석하는데, 주역의 팔 괘는 3차원으로 되어 있다. 지구가 둥글고 공간이 3차원이기 때 문이다. 오행은 2차원 공간요소, 즉 평면구조이고 팔괘는 3차원 공간으로서 입체구조를 갖고 있다. 평면과 입체, 이것이 오행과 팔괘의 차이다. 우리의 우주는 평면인가? 아니다. 우주의 모든 것은 입체공간으로만 표시될 수 있다.

팔괘는 범주의 완성이다. 그런데 이것은 범주의 완성인 팔 괘만 써서 세상을 보라는 말이 아니다. 세상을 볼 때 우리는 팔 괘가 아닌 것들도 얼마든지 사용할 수 있다. 또 세상을 음양의 2 가지로 볼 수도 있고, 사상의 4가지로 볼 수도 있다. 원점까지 사 용하면 1차원 원소인 음양은 3가지 범주로 확대될 수 있다. 또한 사상은 오행이 되고, 팔괘는 구성(九星)이 된다.

노자는 음양을 다루면서 충기(沖氣)라는 요소를 추가했는데, 이는 원점의 성질을 뜻한다. 왼쪽, 오른쪽, 그리고 중간이라는 형식인데, 이것이 바로 천지인(天地人)이라고 하는 범주다. 오행은 동남서북과 중앙인데, 이름을 붙이면 목화금수토(木火金水土)가 된다. 팔괘의 경우는 중간점을 사용하여 9개의 원소로 만들수 있지만, 중앙은 제로(0)의 성질이기 때문에 굳이 원소로 사용할 필요가 없다. 오행은 사상에다 제로의 성격을 지닌 원점을 추가한 것이다. 엄밀히 말해서 오행의 토는 원소가 아니고 노자가 말한 충기도 원소가 아니다.

실제 세계의 사물을 예로 들어보자. 소금과 고춧가루가 있다면 2개의 병이 필요할 뿐이지, 소금과 고춧가루를 섞어 병 하나를 새롭게 만들 필요가 없다. 하지만 실제 세계를 분류하다가 2가지로 구분할 수 없는 것들이 나온다면 이를 중앙 원소로 사용해도 무방하다. 밖으로 나가는 것은 양이고 집에 있는 것은 음이라면, 한 발은 밖에 있고 한 발은 안에 있을 때 이를 중간에 있다고 표현할 수밖에 없다. 이 모든 경우 현실적 의미는 있으나, 팔괘를 사용할 때는 어중간한 사물을 완전히 배제할 수 있다. 세상은 음양(또는 원점 추가)으로도 충분히 볼 수 있는 것이 있고, 이것으로 부족해 사상(또는 토 추가)으로 봐야 하는 것도 있다. 하지만 사상이나 오행으로도 볼 수 없는 것은 팔괘에 이르러야 비로소 그 뜻을 완벽하게 표현할 수 있게 된다.

옛사람들은 오행이면 충분한데 복잡하게 팔괘까지 사용할

이유가 없다고 생각했다. 그러나 범주란 생활에서만 사용해서는 안 된다. 범주를 통해 온 우주의 섭리를 깨달아야 하지 않겠는가? 우리가 본시 3차원 공간에 살고 있는데 굳이 2차원 범주로 세상을 볼 필요는 없다. 3차원은 그 안에 2차원을 포함시킬 수 있으나 2차원은 3차원을 포함시킬 수는 없다.

우주는 3차원이기 때문에 3차원 범주인 팔괘가 필요하다. 물론 우주는 3차원 요소에 시간을 포함하는 4차원의 세계다. 그래서 주역에서는 3차원 원소 팔괘를 중첩시켜 시간을 추적한다. 이것이 바로 대성괘(大成卦)가 탄생하게 된 이유다.

4

세상을 보는
지혜

주역의
표현 방식

현대 문명이 이룩한 과학의 한 단면을 보자. 물질을 어떤 방식으로 표현하는가? 물리학에서 물질의 질량은 m이라는 기호로 표시한다. 물질의 질량은 그 모양에 상관이 없기 때문에 그 크기만 표현하면 된다. 하지만 화학에서는 물질의 성분을 구체적으로 표현해야 하기 때문에 좀 더 세밀한 기호가 필요하다. 예컨대 물은 원소기호로 H_2O라고 표현한다.

그런데 여기서 물을 물이라고 하지 않고 H_2O라고 표현하는 이유는 무엇인가? 물은 우리가 생활에서 사용하는 언어다. 언어는 그저 공통적 표현방법으로 약속하면 그만이다. 물이라고 말했을 때 여기에는 물의 성분에 대해서는 표현하지 않은 것이다.

그러나 H_2O라고 말하면 이미 물의 성분이 표현된 것으로, 그것은 정형적이어야 한다.

H_2O에서 H는 수소고, O는 산소, 숫자는 비율이다. 그래서 H_2O는 수소 2개와 산소 1개가 결합되어 있다는 뜻으로, 이렇게 결합된 원자들이 모인 것이 바로 물이다. 따라서 물을 분해하면 수소와 산소로 나누어지고 비율은 2:1이 된다. 술의 주성분인 에탄올은 원소기호로 쓰면 CH_3CH_2OH가 된다. 비율은 탄소(C)와 수소(H), 산소(O)가 각각 2 : 6 : 1로, CH_3CH_2OH는 구조까지 표현한 것이다. 소금은 $NaCl$고 식초는 CH_3COOH다. 이러한 성분 표현은 만국 공통임은 물론이고, 과학자들은 물질의 분자식 또는 구조식을 보면 그 물질의 성분을 알 수 있다. 어떤 물질들은 엄청 복잡한데, 그것은 그 물질이 원래 복잡하게 구성되어 있기에 그렇게 표현하는 것이지 예술이나 정치에 의해 만들어진 것이 아니다.

물질의 구조적 표현은 현대 과학의 산물로, 이렇게 하면 그 물질의 전모를 쉽게 파악할 수 있다. 이러한 표현법, 즉 기호 표현법이 만들어진 것은 불과 몇백 년밖에 되지 않았다. 예전에도 물질은 있지만 그 구조를 제대로 표현하지 못했기에 성분 역시 명확히 파악할 수 없었다. 만약 우리 몸에 들어오는 약의 성분을 제대로 알 수 없다면 얼마나 끔찍한 일인가. 과학은 아주 정밀한 학문이다. 정밀하기 때문에 계속 발전하는 것이다.

인류가 물질의 성분을 기호로 표현함으로써 마침내 화학이라는 학문이 생겨났다. 옛날에는 연금술이라고 해서 아무 물질이나 마구 섞어서 무엇인가 만들어내도 그것이 정확히 뭔지 몰랐다. 인류가 물질 성분을 기호로 표현하는 화학을 개발함에 따라 세상의 비밀이 하나씩 드러나게 되었다.

그런데 이러한 과학 기호와 비슷한 기호 표현법이 수천 년 전에 이미 사용되고 있었다. 그것이 바로 주역이다. 주역은 단순히 기호를 사용했을 뿐 아니라 그것을 아주 정밀하게 체계화했다.

무엇보다 주역이 놀라운 것은 만물을 2가지, 즉 음(--)과 양(—)으로 다 표현해 냈다는 것이다. ☳와 ☶을 보면 3층 구조로 되어 있는데, --과 —을 사용하고 있다. 그리고 ☳나 ☶은 음양의 성분비가 같지만 음양의 위치에 따라 다른 사물을 나타낸다. 물론 일정한 법칙에 따라 구조는 결정된다.

이토록 풍부하고 단순한 체계는 현대과학에서도 그 유례를 찾아볼 수 없다. 주역의 정밀성은 현대과학을 훨씬 능가하고 있다. 그러나 나는 주역의 극히 일부를 설명했을 뿐이다.

그럼 이제부터 주역의 기호 전개를 살펴보자.

☵ ☰ ☶ ☷

이는 사계절의 순환을 나타내는 것으로, 시간의 반복성을 보여준다. 만물은 존재 비용을 절약하기 위해 순환이라는 생존 방식을 취하고 있는데, 주역은 그것을 추적하고 있다.

다음을 보자.

이 괘열은 순환과정에서 상태가 점차적으로 변화하는 모습을 보여주고 있다. 온 세상은 시간의 흐름에 따라 작용이 변하고 있는데, 주역은 그것을 일일이 추적하여 그 의미를 분명하게 드러내준다. 위의 괘열은 지금은 그 뜻을 몰라도 된다. 다만 주역의 표현을 느끼면 그만이다. 인류 문명은 3만 년 정도 된 것으로 추정하고 있는데, 기호 사용의 시작은 최근 몇 백 년 전에 불과하다. 하지만 주역을 보면 우리 조상들은 멀고 먼 옛날에 이미 기호를 사용하고 있었다. 뿐만 아니라 그 깊이는 현대 문명이 아직 흉내조차 못 내고 있는 실정이다.

그럼 또 다른 괘상 전개를 보자.

이 괘상의 흐름은 하나의 사물이 정반대의 사물로 변해가는 과정을 나타낸다. 이것은 하나의 사물이 어떻게 정반대의 상황으로 변해갈 수 있는지를 보여주는 것이다.

그렇다면 이제 괘상을 조금 더 자세히 살펴보자.

䷏

이 괘상은 2개의 파트, 즉 상하로 나뉘어져 있다. 아래에 있는 ☷는 현재를 나타낸다. 위에 있는 ☳은 미래를 의미한다. 즉, ☷에서 ☳로 변하는 시간 과정을 표현한 것이다. 이는 주역의 괘상에 시간의 흐름이 담겨 있음을 보여준다. 인류는 항상 미래를 먼저 알고자 하는데, 주역은 바로 그것을 실현한 것이다.

현재와 미래를 하나의 방정식에 표현해 시간의 흐름을 이해하고자 하는 노력은 현대과학에서 매우 중요한 과제로서, 많은 과학자들이 매달리고 있다. 그러나 주역은 이미 그것을 표현하고 있었다. 만물의 뜻을 규명하고, 더 나아가 그것이 시간에 따라 어떻게 변해가는지를 추적하는 것이 바로 주역이란 학문이다.

시간의
추적

우리 미래는 어떻게 될까? 이 문제는 모든 인류의 궁금증이 지만 현대과학에서 가장 중요하게 연구하는 분야 중 하나기도 하다. 시간의 흐름은 철학에서도 중요한 과제고, 신경과학에서도 이 문제를 중요하게 다루고 있다. 신경과학에서는 우리 인간의 뇌가 시간의 흐름을 어떻게 느끼고 판단하는지를 연구하는 것이다. 로봇의 경우, 따로 시계를 내장시켜 놓거나 프로그램화하지 않는 한 시간이 끊임없이 흐른다는 사실을 감지하지 못한다.

시간은 모든 곳에서 흐르는 것으로 알려져 있다. 아인슈타 인이 상대성이론을 발표한 이후 시간이 일정하게 흐르는 것은 아니라는 것이 밝혀졌지만, 시간은 느리든 빠르든 우주 모든 곳에서 흐르고 있다. 주역은 이렇게 우주 모든 곳에서 흐르는 시간에 따라 만물이 변해가는 비밀을 파헤치는 것을 가장 중요한 목표로 삼고 있다. 시간은 어떻게 흐르고, 그에 따라 만물은 어떻게 변해가는가? 이 문제를 우리 주변에서부터 풀어나가 보자.

우리는 누구나 어린 시절이 있었다. 즉 우리는 어린 시절에서 지금으로 변해온 것이다. 그렇게 보면 시간은 과거에서 현재로 왔다가 다시 미래로 흘러간다. 그런데 시간의 흐름을 살펴보면 미래가 현재를 향해 오고 있는 것도 같다. 즉, 우리는 미래로 가고 미래는 우리를 향해 온다.

이처럼 시간에는 2가지 속성이 존재한다. 현재의 모든 것이 과거로부터 온 것이다. 이것은 다시 미래에서 온 것들로 교체된다. 이 과정은 영원히 반복된다. 이것을 일컬어 시간이 흐른다고 표현한다. 시간은 계속 이어져 가는 것이다. 아니, 계속 이어져 오는 것이다.

어떤 것이 시간의 본성일까? 가는 것과 오는 것, 이것을 어떤 관점으로 바라봐야 하는가? 주역은 바로 이 문제를 다루고 있다. 그래서 주역에는 상괘와 하괘가 있는 것이다. 즉 ䷁와 같은 형식을 갖는 것이다. 여기서 아래의 ☷은 과거로부터 온 것이고, 위의 ☷는 미래에서 현재로 오고 있는 것이다. 이 그림에서 보듯이 현재란 미래와 과거가 만나는 순간을 뜻한다.

그러나 현재는 미래로 향해 간다. 왜 하필 미래로 갈까? 과거로 간다고 하면 무엇이 잘못되는 것일까? 이것은 현대과학에서 시간의 비대칭성이라고 말하는데, 이는 시간의 가장 중요한 속성이다. 이 문제는 현대과학에서도 아주 풀기 힘든 것으로 알려져 있는데, 주역에서는 이 문제를 다루고 있다. 이것을 조금 더 자세히 이야기해 보자.

주역에서 시간은 양으로 분류된다. 양이란 저 먼 곳에서 만들어진 것으로, 저 먼 곳이 바로 양이기도 하다. 이에 관한 것은 뒤에서 상세히 살펴볼 것이다. 지금은 시간이 먼 곳에서 발생하여 이곳으로 오고 있다는 것에만 주목하면 된다. 이곳은 음이다. 더 자세히 이야기하면 공간이 음이다. 양이란 음이 있으면 그것을 파헤치는 성질이 있다. 그래서 시간은 현재를 향해서 오고 있는 것이다. 공간은 시간의 힘을 얻어서 미래를 향해 작용을 시작한다. 우주에 시간이 흐르지 않으면 현상도 없어진다. 상대성이론에서는 시간이 있으면 공간이 있고 공간이 있으면 시간이 있다고 밝히고 있다. 그래서 시공(時空)이란 단어가 생겨났다. 이는 시간과 공간이 한 덩어리라는 뜻이다. 둘을 절대로 떼어낼 수 없다.

이 그림을 보면 6층으로 구성되어 있는데, 그것이 바로 시간이다. 위로 갈수록 미래를 나타내고 아래로 갈수록 과거를 나타내는데, ━과 ━━은 공간의 성질을 뜻한다. 그리고 주역에서는 시간의 비대칭 자체를 양으로 본다. 양의 뜻은 본래 대칭성을 파괴하려는 성질을 말한다. 양은 현상 유지를 싫어하는 것이다. 영국의 천체물리학자 스티븐 호킹 박사는 우주의 탄생 원인을 무(無)의 요동 때문이라고 했는데, 요동이란 바로 양을 뜻한다.

우주는 양에 의해 생긴 것이다. 이것은 근원적 시간이라고 할 수 있는데, 이로 인해 빅뱅이 일어나면서 공간이 만들어졌다. 공간은 음을 말하는데, 음은 대칭을 좋아한다. 우주는 대칭이 있으면 그것을 파괴하려는 양이 발동하는 법이며, 대칭 파괴는 그것을 회복하려 음을 발생시킨다. 음과 양은 서로 순환하여 영원하다. 이것을 태극의 법칙이라고 말한다. 호킹 박사가 이야기한 것은 바로 태극의 섭리와 같다.

주역에는 만물은 "궁극에 이르면 변하고, 변하면 통한다(窮則變, 變則通)"는 섭리가 담겨 있는데, 이는 시공 본래의 모습이다. 우주에 아직 시간과 공간이 없었을 때, 즉 태극일 때 이것이 음양을 낳으며 우주는 시작된 것이다. 처음에 우주는 막막한 시공 덩어리 그 자체였을 뿐이다. 이것이 후에 진화를 계속하여 우주의 모든 현상을 만들어낸 것이다.

주역에서는 이렇게 말한다. "주역에는 태극이 있으며, 태극은 음양을 낳고, 음양은 사상을 낳고, 사상은 팔괘를 낳는다(易有太極 是生兩儀 兩儀生四象 四象生八卦)." 팔괘란 우주 만물을 뜻하며, 이것이 생기면 천지의 작용은 비로소 시작되는 것이다. 팔괘는 시공 속에 존재함으로써 미래와 과거가 그 안에 담기게 된다. 주역은 이것을 추적하는 것이다.

노자는 이렇게 말했다. "만물은 음을 등에 지고 양을 끌어안으며 충기로써 화합한다(萬物負陰而抱陽 沖氣以爲和)." 이 말은 시간의 흐름이란 과거의 흐름이 미래의 씨앗이 되고, 새로운 현상 즉 양을 맞이한다는 뜻이다. 충기란 음양의 화합 또는 절충을 의미한다. 실제로 세상에는 인과의 법칙이 있어 하나의 사물이 미래를 만들며 변해가는데, 여기에 새로운 변수가 등장하여 기존의 사물과 절충을 이루게 되는 것이다.

이것이 시간의 흐름이다. 주역은 이 원리를 그대로 수용하여 미래를 계산하는 것이다. 즉 상괘와 하괘가 만나 대성괘(大成卦)를 이루는데, 이것이 시공 세계에서의 현상이다. 대성괘를 살펴보자.

이 그림은 상괘와 하괘가 있어 대성괘라고 부르는데, 이 속에는 과거와 미래가 만나 서로 작용하는 모습이 담겨 있다. 대성괘의 해석이 바로 주역이라는 학문을 이해하는 것인데, 나는 이 책에서 과학적인 방법으로 해석을 시도했다. 옛사람들이 아직 과학을 몰랐기 때문에 주역은 수천 년 동안 신비에 싸여 있었던 것이다. 최근 과학의 발달에 따라 주역의 비밀도 조금씩 밝혀지고 있다.

앞으로 보게 되겠지만 주역은 최신의 과학으로만 접근할 수 있는 구조로 되어 있다. 예를 들어 위상 개념은 최첨단 수학에서 발견된 개념인데, 이것으로만 주역의 괘상을 이해할 수 있다. 아직 위상 개념이 확립되지 않았던 100년 전에는 주역을 명확히 알 방법이 없었던 것이다. 오늘날 우리는 현대과학에 힘입어 주역을 이해할 수 있는 길이 열린 것이다. 현대에 사는 우리는 축복을 받은 셈이다.

대성괘란
무엇인가?

사물은 1차적으로 팔괘로 분류되고, 그다음 이것들이 서로 만나면서 대성괘가 만들어진다. 주역에 있어서 팔괘가 단어라면 대성괘는 문장에 해당되는데, 이 문장은 모든 것을 말할 수 있는 만능 표현도구다. 대성괘는 팔괘가 서로 만나서 이루어지는 것이므로 자연적으로 64개가 되는데, 이것을 이해하면 만물에 통달할 수 있게 된다.

대성괘의 예를 살펴보자.

이 그림은 소성괘(팔괘)가 중첩되어 있는 모습으로, 이것은 사물을 보다 정밀하게 분류하고 나아가 사물이 어떤 경로를 통해 변해가는지를 추적한다. 대성괘인 ䷻은 그 자체로 이미 어떤 현상을 말하지만, ☵ → ☱라는 시간 변화 역시 함께 표현하고 있다. 즉, ☵이 ☱으로 변해간다는 뜻이니, 과거가 미래로 흘러간다는 것이다.

물리학에서는 절대표현을 방정식(方程式, equation)이라고 말하는데, 현재 인류는 사물이 시간에 따라 변해가는 것을 추적하는 방정식을 만들지 못했다. 사물의 시간 방정식은 인류의 꿈이지만 현대과학에서는 아직 엄두도 내지 못하는 실정인 것이다. 주역에는 이러한 꿈의 방정식이 이미 만들어져 있었다.

대성괘를 다시 보자. ䷻는 사물을 정밀하게 표현하는 것으로, 동적인 상황을 그렸다. 그렇다면 ䷻의 뜻이 무엇일까? 시간의 변화, 즉 ☵ → ☱의 현상은 잠시 접어두자. 지금은 ䷻의 큰 뜻을 이해하는 데 집중하자.

䷻은 아래가 연못이고 위가 물이다. 무슨 뜻일까? 이는 연못에 물이 담겨 있다는 것이다. 사람이 방 속에 들어가 있는 것도 바로 이것이고, 지갑에 동전이 들어가 있는 것도 이것이다. 대성괘 ䷻은 잡다한 사물이 하나의 틀 속에 들어가 안정을 취하고 있는 모습이다. 어린아이가 방 속에 들어가 있으면 안정된다.

잡동사니를 상자 속에 넣어두면 어디론가 사라지는 것을 막을 수 있다. ☶은 바로 그런 상황을 말한다.

이것을 좀 더 깊은 곳에 적용해 보자. 법(法)이라는 것이 있다. 법은 인간이 넘어서는 안 되는 범위를 설정해 주는 통제장치다. 여기서 통제라는 것은 하나의 틀로, 바로 그릇 같은 역할을 한다. 인간은 자유롭고 싶은 것이 본성이다. 그런데 인간의 본성대로 행동하도록 내버려 두면 어떻게 될지 알 수 없다. 술을 마시고 난동을 부리거나 자신의 이익을 위해 남을 해칠 수도 있다. 그래서 통제가 필요한 것이다. 따라서 법을 다른 말로 표현하면 '사람의 제멋대로인 행동을 잡아두는 것'이라 볼 수 있다. 대성괘로 보면 다음과 같다.

    ☵ → 혼돈
    ☷ → 통제

이 그림은 혼돈스런 마음 또는 행동이 틀 속에 들어가 있어서 밖으로 요동치지 못한다는 뜻이다. 어떤 사람이 노래를 잘해서 음정과 박자가 잘 맞아 떨어진다면 이는 음성과 속도를 제멋대로 하지 않고 악보에 잘 가두어놓는다는 뜻과 같다. 즉, 제대로 부르고 있다는 이야기가 되는 것이다. 인간의 행동이 예의범절에 맞는 것도 막무가내로 행동하지 않고 잘 통제하고 있다는 뜻이다. 법은 예의범절보다 더 강력한 통제지만, 사람은 법 때문이 아니라 스스로 자기 행동을 억제할 수 있어야 한다.

☷이 괘상이 바로 그것을 이야기하고 있는 것이다. 옛 성인이 ䷻의 이름을 수택절(水澤節)이라고 붙인 건 그러한 상황을 표현한 것으로, 인간에게 절제의 필요성을 가르치는 것이다. 만약 모든 사람이 절제를 상실한다면 사회는 큰 혼란에 빠질 것이다.

이런 상태는 인간에게 국한된 것이 아니다. 예를 들어 핵폭탄이 통제되지 않는다면 그 힘은 지구 전체를 파괴할 것이다. 괘상 ䷻은 위험하고 혼란스러운 것을 안정되게 가두어놓는다는 뜻이다. 온 세상에는 절제력이 작용한다. 나라와 나라 사이에 절제력이 없어진다면 인류는 전쟁에 휩싸일 것이다. 어린아이가 통제(보호)되지 않는다면 스스로를 해치게 될 것이고, 어른이 절제하지 않으면 남을 해치게 된다.

사람은 말도 바르게 사용해야 하는데, 쌍소리가 막 튀어나오면 마음도 순식간에 난폭해지는 법이다. 괘상 ䷻은 있을 수 있는 모든 혼란이 잘 통제되고 있음을 보여준다. 자연도 마찬가지다. 물이 범람한다면 얼마나 위험할까? 그래서 물은 그릇 속에 담겨 있어야 하는 것이다. 연못이든 댐이든 물은 자유롭게 돌아다니지 못하게 막아둬야 한다.

그러나 괘상 ☶은 말없이 보여주고 있을 뿐 인간에게 애써 가르치지 않는다. 인간 스스로가 ☶을 보고 스스로에게 적용하면 그만인 것이다. 주역은 보여줄 뿐이다. 우리가 주역을 보고 배울 것은 배우고 스스로에게 적용할 것은 적용해야 한다. 공자가 주역을 공부했던 이유는 만물의 상태를 표현한 괘상에서 인간에게 필요한 것을 배울 수 있었기 때문이다.

☶의 상태를 좀 더 살펴보자. 신사가 있다. 그는 어째서 신사라고 하는가? 여러 이유가 있을 것이다. 옷을 단정하게 입었다거나 말이 교양 있다거나 행동이 단정하다거나 예의범절을 갖추었다거나 자기감정을 통제할 수 있거나 하는 등 그 모든 신사의 특징은 ☶과 닮아 있다. 숙녀도 마찬가지다.

☶에는 당연히 남을 배려하는 정신이 담겨 있지만 스스로에게도 절대 필요한 정신이다. 인간이 스스로 행동을 통제하지 못하고 몸을 되는 대로 굴린다면, 나이가 들어갈수록 더욱더 제멋대로 되어서 건강이 크게 악화된다. 말이 많으면 정신이 약해지고, 마구 먹으면 비만이 되고, 몸이 지나치게 쾌락에 빠지면 기력을 상실한다. 아무 때나 자고 아무 때나 먹고 제멋대로 감정을 폭발시키고 참을성이 없으면 인간의 몸은 쉽게 망가진다.

인간이 침착한 것도 ☶에 해당되는데, ☶의 덕인 침착함을 갖추지 못하면 운명도 흔들리는 법이다. 세상 만물은 일정한 틀을 가지고 있다는 것을 깨달아야 한다. 사물은 질서가 잡혀 있다. 질서가 바로 ☷을 뜻하는 것이다. 질서는 온 우주에 작용한다.

도인의 자세가 안정되어 있는 것은 안으로 수많은 것을 절제하고 있기 때문이다. 귀인이 아름답게 보이는 것도 ☷의 자세를 갖추었기 때문이다. 군대가 명령에 잘 따르는 것도 바로 ☷인데, 행동의 한계를 상관이 꽉 잡고 있다는 뜻이다. 절제란 세상을 안정시키는 힘이고, 인간 스스로도 절제를 통해 안정과 발전을 도모할 수 있다. 고여 있는 물은 조용히 ☷의 모습을 보여주고 있는데, 우리가 이를 간과해서는 안 된다.

우리는 세상을 살핌으로써 깨달을 수 있고, 자신에게 적용함으로써 점점 발전할 수 있다. 괘상 하나에서도 배워야 할 것이 무수히 많다. 괘상은 보고 또 보고 속으로 음미하고 스스로에게 적용시킴으로서 극의(極意)에 도달할 수 있다.

공자는 주역을 통해 우주가 어떻게 움직이고 있는가를 깨달았고, 또한 그것으로 사회를 깨우치게 하여 세상의 안정을 도모하고자 했다. 주역은 밖으로 나아가지 않아도 괘상을 통해 모든 것을 보여준다. 주역의 괘상은 세상에 있는 모든 것을 보여줄 뿐 아니라 미래에 있을 수 있는 상황까지도 미리 보여준다.

괘상을 조금만 더 살펴보자. ☶ 이 괘상은 어린아이가 부모의 보호를 받고 있는 모습으로, 안정을 나타낸다. 하지만 인간은 오로지 안정되기만 하면 그만인가? 그렇다면 발전은 언제 이루어진다는 말인가? 우리 삶은 무궁무진하게 다양하다. 안정은 그중 하나의 모습일 뿐이다. 사람은 때로 모험도 필요하다. 그리고 성장에 따른 현상 초월도 필요한 법이다. 사회가 하나의 틀에 머물러 있다면 발전하지 못하거니와 그 속에 갇혀 있는 사람은 얼마나 숨이 막힐 것인가!

다른 괘상 하나를 보자. ䷏ 이 괘상은 통제가 지나치다는 것을 보여준다. ☷는 그릇이다. 그런데 그릇이 높은 위치에 있는 것이 보인다. ䷏에서는 ☷이 아래 있었다. 괘상은 아래 있을 때와 위에 있을 때 뜻이 달라진다. 이것이 주역의 위대한 표현 능력으로, 우리는 이를 세심히 살펴 주역의 원리를 깨달아야 한다.

그릇은 ☷이다. 이것이 높다는 것은 무슨 뜻인가? 그것은 그릇이 사물을 깊숙하게 가둘 수 있다는 뜻이다. ䷏은 현재 ☵을 깊숙이 가두고 있다. ䷏ 여기에서는 ☷이 ☵을 적당히 가두는데, ䷏에서는 ☵을 심하게 가두어놓은 듯하다. 이것은 ☷의 높이에 따라 나타나는 현상이다. 두 괘상을 비교해 보자.

䷏　䷜

두 그림에서 ☱의 차이를 확인하라! 위에 있는 ☱은 큰 그릇 또는 깊은 그릇을 나타낸다. 그러면 ䷰에서 ☲는 무엇인가? ☲는 밝은 것, 정의로움, 질서, 어른 등의 뜻이 있다. 이는 앞서 충분히 공부한 것이다.

䷰을 다시 보자. 밝은 것, 정의로운 것이 심하게 억압받고 있다. 이는 마치 주머니 속에 전등을 켜놓은 듯한 상황이다. 정의로운 사람이 통제받고 있는 상황도 마찬가지다. ☲는 질서로, 이것이 자유롭지 못하다는 것은 독재라는 뜻이 된다. 그리고 ☲는 다 자란 어른이란 뜻인데, 이 어른이 방 속 깊숙이 갇혀 있다. 스스로 방구석에 들어앉아 있든, 못나가게 가두어놓든 뜻은 같다. 주역은 무심히 결과를 내보이는 것이다. ☲는 또 지식으로, ䷰은 지식인의 활동이 억제되어 있는 모습이다. 이러한 사회는 통제된 사회로서 바람직하지 않다. ☵은 아직 어리거나 혼란스러운 것이라서 적당한 통제가 필요하다. 하지만 ☲는 어느 정도 자율성 있는 존재이므로 가두어놓을 필요가 없는 것이다.

옛 성인이 ䷰의 이름을 택화혁(澤火革)이라고 지었는데, ☲ 이 억압받는 사회는 머지않아 혁명이 일어날 수 있다는 것을 강조하는 이름이다. ䷰은 현재 꿈틀거리는 상태를 보여준다. ☲이 뛰쳐나오려고 애쓰고, ☱이 한계에 도달한다는 뜻이다.

보호　　　　　　과보호

두 괘상을 화살표로 연결해 놓고 보면 상황이 보호에서 과보호로 흘러간다는 뜻이다. 주역은 현재에서 미래로 흘러가는 모습을 표현할 수 있다. 다시 보자.

↑ ䷗ → ↑ ䷖

이 그림에서 ↑은 ☷이 변해서 ☶로 가고 있는 시간의 흐름을 나타내는데, 이 논리를 이해하려면 다소 어려움이 있다. 지금은 →로 연결된 시간의 흐름을 이해하면 된다. ䷗은 보호로, 그것이 계속 되면 자연스럽게 ䷖, 즉 과보호로 흘러간다는 것을 보여준다. ䷖은 우리 몸으로 말하자면 체한 상태다.

☷이 덩어리였다는 것을 기억하는가? 생각나지 않으면 지금 그렇게 알면 된다. ☷이 덩어리라는 이유는 나중에 알게 될 것이다. 지금은 그저 덩어리로 기억하면 된다. 주역은 얼렁뚱땅 넘어가는 법이 없다. 철두철미한 타당성을 갖추고 있다. 하지만 처음부터 깊게 들어가려고 하면 큰 그림은 보지 못한다. ䷖은 여러 가지 뜻이 있지만 그중에 하나가 과보호라는 것만 일단 기

억해 두자.

또 다른 대성괘를 보자. ䷋는 척 봐서 무슨 뜻인지 모를 것이다. 하지만 차차 논리를 익혀가서 해석의 정밀함에 도달할 것이다. ䷋에서 ☰는 위에 있다. 자유롭다는 뜻이다. 어른이 집을 나선 것이다. 그 무엇에도 억압받지 않는, 편안한 상태다.

아래에 있는 ☷은 무엇인가? ☷은 그릇에 있어서는 뚜껑이고, 집에 있어서는 대문이다. 또한 집 자체를 뜻하기도 한다. ☷은 묵직한 그 어떤 것이다. 집이 바로 그런 뜻을 갖고 있다. ☷은 안으로 감추고 있다는 뜻으로, 사람이 집 속에 있으면 감춰지게 된다. 소라 껍데기도 여기에 해당된다. 그 안에 있으면 산처럼 안심이 되는 것이다.

대충 이해하면 된다. 우리가 동창생인지를 파악하는 것은 눈이 뚫어져라 살피지 않아도 된다. 대충 봐서도 쉽게 아는 것이다. 익히 잘 아는 사람도 지나치게 가까이 바라보면 낯선 느낌이 든다. 사물이 원래 그렇다. 특히 주역의 괘상을 공부할 때는 멀리서 그 대강을 파악해야 한다. 처음엔 느낌 정도로 충분하다.

☰는 집 밖에서 자유로운 모습이다. 닫힌 문 밖에 있는 모습이기도 하다. ☷은 닫힌 것이다. 집과 닫혀 있는 것은 원래 뜻이 같다. 괘상의 이해를 돕기 위해 괘상끼리 비교해 보자.

과보호   →   자유

두 괘상을 나란히 놓고 보니 뜻이 더 분명해진다. ☷의 낮고 높음에 따라 과보호, 자유가 확연히 드러나 있다. ䷷에서 ☷는 ☵으로부터 탈출한 모습이다. ䷷에서 ☷는 깊은 곳에 갇혀 있어 입구가 보이지 않는 상태다. ䷷의 이름은 화산려(火山旅)인데, 우리가 여행할 때 얼마나 자유로운가. 옛 성인이 괘상에 이름을 붙인 것에 감복할 뿐이다.

괘상 하나만 더 보자. ䷎은 무슨 뜻이 있을까? ☵은 물로, 아래로 제 마음대로 흘러가고 있는 모습이다. ☵은 본시 아래쪽으로 갈 때 자유롭다. 어린아이들이 어른의 눈을 피해 슬슬 어디론가 빠져나가는 모습이 바로 ䷎이다. ☵은 물이고 ☶은 산으로, 물이 산 위로 올라갈 수는 없는 법이다.

지금 ䷎ 괘상은 물이 자연스럽게 자유를 획득한 모습이다. 미래는 알 길이 없다. 그저 자유롭다는 것이다. 자유는 일단 좋다. 하지만 ䷎은 지나치게 자유롭다는 것이 흠이다. 군인들이 지휘관으로부터 멀리 이탈한 모습이 이것이다. 가출소년도 바로 이에 해당된다. 사람이 너무 자유로우면 위태로울 수 있다. 하지만 그것은 인간이 알게 되는 것이지 괘상은 무심히 보여주고 있을 뿐이다.

▦은 이름이 산수몽(山水蒙)인데, 어린아이라는 뜻이고 또 한 가르쳐야 한다는 뜻이다. 어린아이는 원래 통제가 잘 안 되는 법이다. 큰소리를 치거나 명령으로는 되지 않는다. 억압으로 안 되는 것이 바로 어린아이이고 여자이고 산 아래 물이다. 산 아래 물은 벌판으로 제멋대로 나아갈 것이다. 자연의 한 현상이지만 인간 사회의 눈으로 보면 위태로움을 느낄 수밖에 없다.

그동안 공부한 4가지 대성괘를 나열해 보자.

보호   과보호   자유   방종

괘상의 뜻이 좀 더 확연해졌다. 사물은 잘 모를 때 비교를 하면 그 뜻이 명확히 드러나는 경우가 많다. 비교는 사물을 이해 하는 데 있어 최상의 방법이다. 괘상을 다시 보자.

이것은 괘상이 점차적으로 변해 처음 상태로 환원되는 것을 보여주고 있다. 사물은 순환한다. 위의 괘상열은 순환하는 것끼리 모아놓은 것이다. 괘상의 뜻을 잘 이해하도록 일부러 선택한 것이다. 괘상은 적당한 조건으로 정렬시키면 흐름을 볼 수 있다. 이것은 세상을 보는 방법 중 하나다.

지금까지 4가지 괘상을 선택하여 대성괘의 뜻과 그것을 해석하는 논리를 보여주었다. 아마 아직 확연히 뜻이 잡히지는 않을 것이다. 그러나 계속 공부해 나가다 보면 어느덧 뜻이 분명해지고 논리도 확고하게 자리 잡게 된다.

그리고 우리는 대성괘를 하나씩 배워나갈 때 그것에서 우리 인생을 위해 무엇을 배워야 하는지 놓치지 말아야 한다. 공자가 유의했던 것이 바로 이것인데, 공자는 후학들을 위해 각별한 가르침도 내려주었다. 공자가 이야기한 '이 인생을 위해 무엇을 배워야 하는지 놓치지 말라'는 당부는 독자 여러분이 스스로 다른 책을 읽을 때도 잊지 말아야 한다.

이 책은 과학적 방법으로 괘상을 해석함으로써 옛 성인의 마음까지도 알고자 하는 것이다. 주역은 한문으로 해설하는 것을 무작정 따라가서는 수십 년을 지나도 아무것도 얻는 게 없다. 이 책을 읽는 어떤 독자들은 이미 과거에 그런 경험을 했을지도 모른다. 하지만 지난날의 한문 가득한 주역은 잊어버리고 과학적으로 철두철미하게 분석해야 한다. 오늘날 과학자들은 다 그런 방식으로 주역에 접근하고 있다. 알버트 아인슈타인이 그랬고, 닐스 보어가 그랬고, 칼 융이 그랬다. 주역은 1만 년 전쯤 출현했지만 그것을 해독하려면 발달된 현대의 시각이 동원되어야 하는 것이다.

대성괘가 어떤 논리를 품고 있는지 이제 대강 이해했을 것이다. 앞으로 더 정교하게 다듬고 넓히겠지만 지금은 알고 있는 이론을 분명히 해야 할 때다. 괘상을 알면 세상을 알게 된다. 괘상을 모르면 수만 권의 책을 읽어도 세상이 복잡하기만 할 것이다. 주역은 세상의 모든 것을 단순하게 파악하는 방법을 제시해 준다. 대성괘에 이르렀으면 이제 먼 옛날 성인이 탐구하던 영역에 도달한 것이다. 마음을 더욱 굳세게 다지고 계속 공부해 보자.

주역으로 본
전쟁

패상을 보고 있다는 것은 곧 세상을 보고 있다는 뜻으로, 세상 일이 정확하게 패상화되면 그다음부터는 상황의 이해가 아주 빨라진다.

먼 옛날 제갈공명은 주역을 전쟁에 활용하여 신출귀몰한 능력을 발휘할 수 있었다. 그보다 먼저 공자가 태어나기 1000년 전쯤에 강태공(姜太公)이 천하를 통일할 때도 주역의 섭리가 작용했다. 더 멀리는 중국의 황제(黃帝)가 단군 조선의 치우(蚩尤)씨를 상대할 때도 주역이 절대적 역할을 했다. 황제는 치우씨에게 계속 패하자 하늘에 빌어 주역의 간지(干支)를 받았고, 그로써 치우씨를 물리쳤다는 신화가 있다. 사실 여부는 알 수 없으나 주역이 예로부터 전쟁에 활용되고 있었던 것은 분명한 것 같다. 주역은 만물의 뜻을 규명하는 인류 최상의 학문이므로, 그것이 전쟁에 활용될 수 있다는 것은 어찌 보면 당연하다. 주역은 주로 상황 파악의 논리인데, 전쟁에서 상황 파악보다 중요한 것이 무엇이 있겠는가.

현대전을 살펴보자. 6.25전쟁 당시 북한군은 우리 대한민국군을 일거에 몰아붙였다. 그 결과 우리는 싸움 한번 제대로 못하고 낙동강 이남으로 후퇴했다. 당시 상황은 풍전등화. 북한군이 낙동강을 건너면 우리 대한민국은 궤멸되고 이 땅에는 공산국가가 들어설 터였다. 이에 우리 군은 낙동강 이남을 사수하겠다는 필사적 결의로 강력한 진지를 구축했다. 우리는 한 발도 물러설 수 없는 상태였고, 북한군은 마지막 일전으로 남한을 붕괴시킬 수 있게 되어 온 힘을 집중했다.

이 상태를 괘상으로 표현하면 ䷠으로 천산돈(天山遯)이라 부른다. ☶은 단단함을 나타낸다. 그 위에는 ☰이 있는데, ☰은 하늘도 내면을 들여다볼 수 없을 정도로 꽉 막힌 상태다. 이른바 철옹성이다. 관우가 조조의 유혹에 마음을 굳게 닫고 있는 것도 같은 상황이고, 여자가 남자를 거부하고 절개를 지키는 것도 마찬가지다.

䷀에서 ☰은 ☷을 침식시키려 하지만 ☷은 한없이 단단하다. 6.25전쟁 당시 낙동강 전선은 국군의 ☷과 북한군의 ☰이 대치되어 있는 상황이었다. ☰은 할 수 있는 최대한의 힘이 동원된 것으로, ☰이 극양(極陽)을 뜻하는 괘상이기 때문이다. 당시 북한군은 할 수 있는 모든 수단을 동원하고 있었다. 국군은 꼼짝도 않는 ☷ 상태로, 시간은 흐르고 있었다. 북한군은 ☰의 기운을 ☷에 침투시켜 국군을 붕괴시키려 하고 있었다.

이 상황을 당시 유엔군 사령관이었던 더글러스 맥아더(Douglas MacArthur) 장군이 직시하고 있었다. 맥아더는 우리 국군에게 일주일만 버텨달라고 당부하고 하나의 작전을 입안했다. 이른바 인천상륙작전. 공식명은 크로마이트작전(Operation Chromite)이었으나, 비공식적으로 '철벽해머작전'이라는 명칭이 있었던 것으로 전해진다.

여기서 철벽은 ䷀에서 ☷이다. 맥아더는 ䷀ 위에 있는 ☰을 물리칠 생각을 했던 것이다. 맥아더가 그 방법으로 선택한 것은 그것을 압살시키는 것이었다. 이를 주역으로 표현하면 ䷡인 뇌천대장(雷天大壯)이다. ☰을 제거하는 방법으로 선택한 것인데, 이 방법이 당시 상황에서는 최선이었다. 맥아더의 지휘를 받는 유엔군은 인천에 상륙하여 북쪽에서 북한군을 남쪽으로 찍어 눌렀다. 바로 해머, 즉 ☷을 뜻한다.

이 작전에서 가장 중요한 관건은 ䷒에서 ☷이 얼마나 튼튼하냐다. 총체적 상황을 괘상으로 표현하면 ䷒, ䷒인데 ☰은 2가지 입장이다. 위에서 ☷이 누르고 아래에서는 ☷이 단단히 버티고 있다. ☰은 절벽 위에 놓인 셈이다. 맥아더의 ☷(우레)는 북한군을 강타하기 시작했다.

북한군은 낙동강을 건너 전쟁을 끝내려 했지만 우리 국군은 잘 지켜내고 있었다. 그 사이 맥아더군은 북한군을 계속 강타하고 있었는데, 이 상황은 ䷒의 ☰이 견디느냐 ䷒의 ☷이 견디느냐의 싸움이었다. 마침내 ䷒의 ☰에 균열이 생기기 시작했다. 우리 국군은 이때를 틈타 낙동강을 건너 반격을 시도했고, 그 결과 북한군은 상하로 포위되어 잠시 버티다 궤멸되고 말았다.

이로써 6.25전쟁은 새로운 국면을 맞이했다. 맥아더 장군이 주역을 공부했는지는 분명치 않지만 그는 당시 낙동강 전선의 상황을 정확히 파악하고 있었다. 그리고 맥아더 장군은 그 상황의 타개책 역시 알고 있었던 것이다.

다른 예를 하나 더 들어보자. 제2차 세계대전 당시 연합군은 아프리카에서 전투를 벌였다. 상대는 나치 독일의 에르빈 롬멜(Erwin Rommel) 장군이었는데, 전세는 연합군 쪽으로 기울고 있었다. 이때 연합군 측에서는 2가지 작전이 논의되고 있었는데, 영국의 버나드 몽고메리(Bernard Montgomery) 장군과 미국의 조지 패튼(George Patton) 장군의 작전이었다.

몽고메리는 게릴라 부대를 즉시 투입하여 일렬종대로 진격하자는 것이었고, 패튼은 정규군이 집결한 다음에 일거에 몰아붙이자는 것이었다. 몽고메리는 미군의 작전은 독일군이 전열을 가다듬을 기회를 준다고 평했고, 패튼은 영국군이 중장비 없이 진격을 서두르면 역공을 받는다고 평했다.

두 작전을 괘상으로 나타내 보자. 먼저 몽고메리의 작전을 괘상으로 표현하면 ䷺으로 풍수환(風水渙)인데, 이는 바람처럼 신속히 진군하여 각개격파를 하자는 것이다. ䷺에서 ☷은 몽고메리의 공정대 게릴라, ☵은 지리멸렬한 롬멜군을 뜻한다. ䷺ 괘상은 청소를 하고 있는 모습인데, 진공청소기로 먼지를 흡수하는 것과 같은 형상이다. ☵은 물론 먼지로, 짜임새가 없는 군대를 의미한다. 몽고메리는 빗자루로 쓸어내듯 소탕전을 벌이자는 것이었다.

반면 패튼의 작전을 괘상으로 표현하면 ䷶으로 뇌하풍(雷火豐)인데, 이는 정규군이 조직적으로 롬멜군을 밀어붙이자는 것이다. 여기서 ☷은 패튼의 정규군이고, ☲는 롬멜의 군대로 아직 조직력을 상실하지 않은 제대로 된 군대였다. 괘상 ䷶은 ☲의 압력에 못 이겨 ☲가 위축되어 있는 모습이다.

과연 어떤 작전이 옳았을까? 몽고메리와 패튼은 자신의 견해를 굽히지 않고 각자의 작전을 밀어붙였다. 그 결과 몽고메리의 진격이 빨랐고, 독일군은 전열을 가다듬을 새도 없이 궤멸하기 시작했다. 패튼의 군대는 천천히 나타나 이미 패퇴하고 있는 독일군에 대한 추가 공격이 되었다. 몽고메리의 작전이 옳았던 것이다. 패튼 장군은 교범에 따른 안전주의였고, 몽고메리 장군은 상황에 따른 현실주의였다. 어찌됐건 상황을 단순명료하게 그려내는 것이 중요하다. 주역의 괘상(대성괘)은 이처럼 현재 벌어지고 있는 상황을 추적하고 미래에 일어날 수 있는 모든 상황을 함축하고 있다.

앞서 예를 든 전쟁은 주역의 활용을 보여주는 것이다. 괘상은 전쟁뿐 아니라 연애, 사업 거래, 교육, 의학, 예술 등 모든 것에 활용할 수 있다. 특히 인생의 흐름에 있어 중요 순간을 일목요연하게 그려낼 수가 있다. 세상의 상황은 주역의 괘상으로 간단히 그려낼 수 있는데, 이를 모르면 긴 논문을 빌어 설명해야 하고, 사공이 많아 중구난방으로 견해가 나뉘는 것을 막을 수 없다. 주역은 어려운 상황의 핵심을 드러내는 데 쓰인다. 독자 여러분이 주역을 어느 곳에 사용할지는 모른다. 하지만 괘상의 논리는 누구나 정확하게 알고 나서 사용해야 한다.

전쟁에 응용했던 괘상▤▤ ▤▤은 뒤에 가서 다시 한 번 그 뜻을 자세히 살펴볼 것이다. 여기서는 주역의 괘상이 전쟁 등 다양한 곳에 쓰일 수 있다는 것만 알면 된다. 우리는 아직 대성 괘를 다 공부한 것은 아니다. 하지만 재미있게 공부하기 위해 다 소 앞질러 응용해 보았다. 만일 대성괘에 대해 약간이라도 감을 잡았다면 그것은 덤으로 얻은 깨달음이다. 그로써 앞으로 체계 적으로 공부하는 것이 보다 쉬워질 것이다.

여자는
사랑으로
감싸야 한다

고등학교에 다니던 시절, 나는 한 여학생과 교제를 한 적이 있었다. 당시 우리는 가끔 언쟁이 있었는데, 그때마다 내가 항상 이기는 것으로 끝났다. 그녀는 논리력이 좀 부족하여 나중에야 자기모순을 발견하곤 했다.

그러던 중 어느 날 감정적인 문제로 또 한 번 격돌(?)하게 되었다. 이 싸움도 논리정연한 나의 승리로 돌아갔다. 그녀도 내가 맞다는 것을 인정했다. 그런데 싸움이 끝나자 그녀가 내게 한마디 하는 것이었다.

"니가 똑똑하다는 건 잘 알겠는데, 나는 왜 네가 싫을까?"

이 말에 나는 할 말을 잃었다. 그리고 며칠 후 그녀로부터 그만 만나자는 쪽지를 받았다. 정당한 이유도 없이 1년간의 관계를 청산하자는 것이었다. 나는 이유를 캐물었지만 그녀는 이유만 따지는 네가 싫다는 말을 남기고는 그다음부터는 아예 접근할 기회도 주지 않았고, 교제는 그렇게 끝나고 말았다.

무엇이 문제였단 말인가? 실은 문제는 없었다. 단지 남녀 사이에 모순이 없어야 한다고 생각한 것이 문제였을 뿐이다.

이 문제를 다루어보자. 주역의 중요한 응용이기 때문이다. 여기서 제일 먼저 알아야 하는 것은 여자의 마음이다.

여자의 마음이 무엇이란 말인가? 그런 것은 없다고 간주하는 것이 좋다. 실제로 너무나 민감하여 아무리 좋게 접근해도 딱 들어맞지 않는다. 항상 조금은 맞지만 다 맞지는 않는다는 뜻이다.

어째서 그런가? 그것은 여자의 본성이 ☵이기 때문이다. ☵은 혼돈과 섬세함을 나타낸다. 이런 듯해도 이런 것이 아니고, 저런 듯해도 저런 것이 아니다. 그저 캄캄한 밤과 같은 것이다. 여자가 싸움을 하는 이유는 남자가 항상 틀린 이야기만 하기 때문이다. 남자의 논리는 맞다. 하지만 그 논리는 0.01초 후에 달라지는 여자의 마음을 추적할 수 없다.

왜냐하면 ☵의 본성이 바로 그렇기 때문이다. ☵은 역동적인 사물이다. 제어하기가 몹시 힘들다. 여러분은 물을 손으로 잡아낼 수가 있는가? 안 될 것이다. ☵의 성질이 바로 그렇다. 그러면 싸움이 벌어지면 어떻게 해야 하는가? 싸움이 벌어졌다고? 이는 남자의 잘못이다. 여자는 싸움을 거는 게 아니다. 싸움은 항상 남자가 하는 것이다. 여자는 요구할 뿐이다. 여기에 옳고 그름은 존재하지 않는다. 그저 여자의 요구만 있는 것이다. 어린아이의 마음도 이와 같은데, 옳고 그름의 눈으로 바라봐서는 안 된다. 오로지 여자의 요구가 무엇이고 감정이 어떤 상태인지만 알면 된다. 자세히 알려고 해도 안 된다. 그 순간 다시 모르게 되는 법이다.

여자의 마음은 여자도 모른다. 프로이드나 융도 모르고, 과학자나 점쟁이도 모른다. 그래서 ☵으로 표현하는 것이다. ☵은 미지의 상태를 나타내는 주역의 암호다. 이로써 그만이다. ☵은 파고 들어갈수록 혼돈스러운 존재다. 여자의 마음은 자세히 알지 않아도 된다. 그저 알려고 애쓰는 모습을 보여주면 된다.

여자의 마음은 ☵으로, ☵의 뜻을 깨달으면 조금 더 쉽게 이해할 수 있다. 주역의 괘상을 살펴보자.

이 괘상은 혼돈을 상징하고, 길을 잃어버린 사냥꾼의 상황을 보여준다. 여자와 싸움할 때도 이런 상태가 된다. 이유는? 아직도 이유를 따질 텐가? 이유를 따지지 말고 ☰☰의 뜻을 음미하라. 이것은 가까이 뛰어드는 순간 ☰☰이 되어 혼란이 가중된다. 여자가 기분이 상하면 ☰☰이 도래하고 있는 것이다. 이때 재빨리 눈치 채야 한다. 지금 운명이 혼돈으로 들어가고 있다는 것을.

　그런데 우리는 ☰☰을 다루는 방법을 이미 배웠다. ☰☰은 ☰☰ 속에 담겨 있으면 안정된다. ☰☰는 바로 사랑이다. 여자의 감정이 요동치는 것은 ☰☰의 기운이 발동하기 때문이다. 그때는 논리가 필요 없다. 감싸주면 될 뿐이다. 사랑이란 바로 감싸준다는 것에 다름 아니다. 주역의 괘상으로는 바로 ☰☰이다.

　갓난아이가 울면 엄마는 어떻게 하는가? 안아주고 달래준다. 이유는 알 필요가 없다. 마찬가지로 여자의 기분이 안 좋아 보이면 사랑을 표현하고 여자를 이해해 줘야 한다. 내용을 이해하라는 것이 아니다. 기분이 안 좋은 여자에게 무엇이든 해 줘야 하는 것이다. 노래를 불러주든, 웃기든, 선물을 주든, 안아주든, 살살 빌든, 애교를 부리든, 감싸주고 여자의 편이 되라는 것이다.

　결혼한 사람도 마찬가지다. 여자와의 투쟁은 ☷이 약이다. 무조건 여자의 편이 되어야 한다. 더 이상 이야기하면 논리는 ䷒ 상태가 된다. ☶은 안개 속을 헤매는 사냥꾼의 신세다.

　전쟁에서도 이 논리가 중요하다. 적이 게릴라처럼 각개 전투로 나오면 접근전이 불리한 법이다. 멀리서 포위하는 것이 좋다. 바로 ☷이다. 누구와 계약을 성사시킬 때도 너무 근접하는 것보다 외교가 먼저 필요하다. 바로 ☷인 것이다.

　아량이 크다는 말이 있는데, 바로 ☷을 뜻하는 표현이다. 내가 가진 그릇이 커서 무엇이든 시비하지 않고 수용할 줄 알면 세상은 평화로울 것이다. '해불양수(海不讓水)'라는 말이 있는데, 이는 바다는 물을 사양하지 않는다는 뜻이다. 여자든 어린아이든 달려드는 친구든 예봉을 피하고 그들을 감싸줘야 한다.

　☷의 덕이 바로 그것으로, 사람이 옳고 그름을 논하는 것은 최하의 수준이다. 따지는 것은 ☶이다. 고개를 끄덕이고 남을 알아주고 달래주는 행위는 ☷다. 컴퓨터에도 용량이 있듯이 사람의 마음도 크기가 있다. 그릇을 넓히라는 옛사람의 말은 ☷을 넓히라는 뜻이다. 사람은 저마다 ☷을 가지고 있는데, 그것이 편협하면 아무리 옳다고 해도 남들이 싫어하는 법이다.

　나는 고등학교 시절의 일을 지금도 반성하고 있다. 하긴, 그 당시에는 주역을 몰랐으니 싸움은 이기고 사랑엔 실패할 수밖에……. 아인슈타인은 이혼을 했는데, 그 같은 천재 과학자도 주역을 가지고 여자의 마음을 파악하는 데는 실패했나 보다.

작은 것을 보고
큰 것을
깨닫는다

어떤 개미들은 비가 올 것을 미리 알고 피신한다고 한다. 숲 속에 사는 인디언들도 태풍이 올 것을 미리 알고 대비한다고 알려져 있다. 배에서 살고 있는 쥐들이 장차 그 배가 침몰할 것을 알고 배에서 내리는 것이 목격된 바도 있다. 쥐들은 무엇인가 낌새를 채고 배에서 내린 것인데, 초능력인지 배에서 어떤 징후를 발견한 것인지는 알 수 없다. 그런데 쥐가 떼를 지어 내리고 얼마 후 그 배가 출항하여 침몰했다면 쥐들이 이를 알았다고 봐야 하지 않을까?

인디언이 태풍이 올 것을 안 것은 공기 속에서 어떤 징후를 발견한 것이다. 중국 송나라 시대의 주역학자 소강절(邵康節)은 어느 집 나뭇가지가 바람도 불지 않았는데 꺾인 것을 보고 그 집 딸이 시집갈 것을 알았다고 한다. 융이 한 여자가 꾼 꿈을 해석한 뒤 그녀에게 위험을 경고했지만, 그녀는 얼마 후 숲에서 시체로 발견되었다. 박정희 전 대통령이 죽던 날 목소리가 이상했던 것은 널리 알려진 이야기인데, 나도 방송에서 나오는 그 목소리를 듣고 "어, 목소리가 왜 이렇지?"라고 친지에게 물었던 기억이 난다.

　세상에는 징후 또는 징조가 있어 미래를 알게 되는 경우가 종종 있다. 이 문제는 주역에서도 매우 중요하게 다루고 있는 것이다. 한 예를 보자.

　아침에 길을 나서는데 구두끈이 끊어지는 경우가 있다. 이는 무슨 뜻이 있을까? 좀 어려운 문제이지만 구두끈이 끊어진 것은 주역의 괘상으로 ䷑이다. 산풍고(山風蠱)라 부르며, 배신을 당한다는 뜻이 있다. 만약 A라는 사람을 만날 때마다 연속해서 구두끈이 끊어졌다면 이는 A씨가 무엇인가 속이고 있다는 뜻이다. 여자가 남자를 만나러 나가려는데 바지의 아래쪽이 찢어졌다면 이는 그 남자의 배신을 뜻한다. 경계를 해야 할 것이다. 길을 가다가 크게 미끄러져 넘어졌다면 이는 계약이 결렬된다는 뜻으로, 괘상으로는 ䷏에 해당된다. 참새가 집에 어렵게 들어온 것 역시 징조로, 괘상은 ䷭ 지풍승(地風升)에 해당된다. 이는 사업이 싹트거나 일에 진전이 있다는 뜻이다.

살면서 어떤 일이 생겼을 때 그게 징조인 경우가 있다. 그런데 모든 일이 미래를 예측하는 징조라는 것은 아니다. 어떤 일은 징조일 경우도 있다는 뜻이다. 예를 들어 오랫동안 잃어버렸던 반지를 갑자기 찾게 되었다면 이는 징조일 가능성이 많다. 왜 하필 그 순간에 반지가 나타났을까? 괘상으로는 ䷗→䷒로 먼 곳으로 출장을 가거나 진급을 하거나 일이 잘 풀려나간다는 뜻이 있다.

여기서 징조의 해석은 잠시 뒤로 미루고 징조가 무엇인지 살펴보자. 현대 수학에 프랙탈(fractal)이란 개념이 있는데, 이는 부분이 전체를 닮아 있는 것을 말한다. 예를 들어, 한 조각을 보고도 전체의 상황을 알 수 있는 것이 프랙탈이다. 우리 몸에 있는 세포는 우리 몸 전체를 반영하고 있기에, 의사는 우리 몸의 한 곳을 보고 병의 유무를 진단할 수 있다. 부분과 전체가 닮아 있는 현상은 생명체에 가득 차 있다. 생물은 몸체가 생길 때 이미 부분이 전체를 반영하도록 만들어졌다.

미래의 일도 사건의 전모가 발생하기 전에 그 어떤 조각 사건들이 병행된다. 작은 것을 보고 큰 것을 알 수 있을 때 이것을 단서(端緖, clue) 또는 프랙탈 조각이라고 말한다. 프랙탈은 공간이나 시간을 아우르는 현상이다.

징조라는 것은 바로 프랙탈 현상 그 자체를 말한다. 그렇기 때문에 작은 것을 보고 큰 것을 예측할 수 있다. 주역의 괘상은 프랙탈 구조를 형상화한 것이기 때문에 괘상을 해석하면 미래를 유추할 수 있는 것이다. 독자 여러분들은 프랙탈이라는 개념을 그저 부분이 전체를 닮아 있다고 알아두어도 좋다.

이제 해석을 해보자. 꿈이거나 실제로 일어났던 일은 괘상으로 나타낼 수 있는데, 그것으로 미래를 미리 알 수 있다. 물론 모든 경우에 프랙탈이 나타나는 것은 아니다. 또한 어떤 현상들은 단순히 우연일 수도 있다.

하지만 우리가 주변에서 일어나는 현상을 잘 관찰하다 보면 미래와 연관된 현상, 즉 징조가 참으로 많다는 걸 알 수 있을 것이다. 모든 것이 다 징조는 아니지만 일단 우리 주변의 일을 모두 징조라고 봐서 손해 볼 것은 없다. 아니면 그저 우연이고, 맞아 떨어지면 프랙탈 현상인 것이다.

이제 징조의 예를 들어보자. 배에서 쥐들이 떼를 지어 배를 떠난다면 이는 ䷺, 즉 풍수환(風水渙)에 해당된다. ䷺의 뜻은 무엇인가? ䷺ 괘상은 앞에서 이미 설명했던 것처럼, 뒤집어지고 흩어진다는 뜻이다. 배가 침몰한 것도 바로 ䷗이다.

나뭇가지가 뚝 떨어진다면 ䷵으로 뇌택귀매(雷澤歸妹)라 하며 누군가 시집을 간다는 뜻이 있다. 나무를 심은 주인집 딸이 아닐까 상상해 볼 수 있다. 문을 열려고 하는데 손잡이가 뽑히면 ䷳으로 간위산(艮爲山)이라 하며 전진이 방해된다는 뜻이 있다. 따라서 신속히 고쳐야 한다. 그러고는 한동안 조심해야 한다. 머리털이 뽑히면 이는 ䷈으로 풍천소축(風天小畜)인데, 낭비할 일이 생긴다는 뜻이다.

어디에 부딪치면 ䷚으로 산뢰이(山雷頤)인데, 자중하면서 준비를 튼튼히 하라는 뜻이다. 여행을 가려는데 어떤 일이 생겨 출발이 늦어지면 ䷽으로 뇌산소과(雷山小過)다. 이는 여행지에서 시비를 조심해야 하고, 순탄치 못한 일이 발생할 수 있다는 것이다.

밥상이 엎어지면 ䷮으로 택수곤(澤水困)인데, 관재수를 조심해야 하고 애인이나 친구가 떠나갈 수 있다. 고독해진다는 뜻도 있다. 기필코 그 상을 다시 차려 음식을 더 많이 먹어야 한다. 밥상에 음식이 차려진 것은 ䷯으로 수풍정(水風井)인데, 그것이 뒤집어졌기 때문에 ䷮이 된 것이다. 그리고 밥상이 엎어지는 경우는 드물기 때문에 징조일 가능성이 많다. 징조는 대개 드물게 일어나는 일인 경우가 많다.

따라서 평소에 주변에서 일어나는 일들을 관찰하는 습관을 갖는 것이 좋다. 또 그것을 주역의 괘상으로 표현하는 능력도 키워둬야 할 것이다. 징조를 알면 미래를 조심할 수 있으니 생존 능력이 극대화된다. 징조는 스스로 발생하는 일종의 점괘와 같이 사람에게 미래를 알려준다. 하지만 점은 징조와 달리 인간이 일부러 미래를 알기 위해 계시를 받는 행위다.

미래를 아는 방법은 대체로 3가지가 있는데 첫째가 징조를 살피는 것이고, 둘째는 점을 치는 것이고, 셋째는 주역의 괘상을 응용하여 사물이 변화하는 과정을 추적하는 것이다. 하지만 3가지 경우 모두 괘상을 정확히 파악할 수 있어야 가능하다. 괘상은 사물에 내재되어 있는 핵심을 집어내면 자연히 드러나게 되어 있다. 사물에서 괘상이 보이면 그 사물은 모든 것이 이미 드러난 셈이다.

징조는 어디에든 다 있다. 일종의 자연의 속성이기 때문이다. 사물은 미래를 향해 흘러가고, 집단을 이루기 때문에 그 주변에 항상 징조가 나타난다. 징조는 커다란 사물의 한 부분인데, 부분 없이 전체는 있을 수 없으므로 미래의 일에 징조가 나타나지 않는 경우는 극히 드물다. 따라서 미래는 알 수 있는 것이다. 오늘날 나타난 현상이 모두 징조인데 어찌 미래를 모를 수 있겠는가.

점은
미신인가?

인류는 먼 옛날부터 점을 쳐왔다. 점치는 행위는 동서고금을 막론하고 빈번하게 이루어져 왔다. 그렇다면 우리는 왜 점을 치는 것일까? 간단히 말하자면 미래를 알고 싶기 때문이다. 미래를 미리 알면 그 이익은 이루 말할 수 없을 정도로 크다. 그래서 인간은 점이라는 것을 통해 일찍이 미래를 알고자 했던 것이다.

점이란 도대체 무엇일까? 오늘날 현대과학에서는 미래를 알고자 하는 점의 효능에 대해 인정하지 않는다. 일종의 미신이라는 것이다. 호킹 박사는 우리의 우주는 미래를 알아서는 안 된다는 자연법칙이 있다고 주장한다. 그래서 미래를 알고자 하는 행위는 점을 치든 과학적 방법을 동원하든 효과가 없다는 것이다.

과연 그럴까? 정신의학자 칼 융은 점치는 행위를 좋아했다. 심지어 그는 환자를 진단할 때 점을 적극 활용하기도 했다. 융은 동시성이라는 개념을 확립했는데, 이것은 점이 실제 사건을 맞춘다거나 징조가 있으면 동시에 현실이 나타난다는 등을 과학화한 것이다. 닐스 보어는 역시 점과 징조를 믿었다고 한다.

점치는 행위는 도대체 무엇이기에 미래를 알 수 있다는 것일까? 우리는 점을 어떻게 봐야 할까? 무엇인가를 잘 알지 못할 때는 그 현상을 주역의 괘상으로 표현하면 된다. 괘상을 제대로 찾으면 그 사물의 뜻은 이미 밝혀진 것과 같다고 앞서 이야기한 바 있다.

그러면 점치는 행위는 괘상으로 어떻게 표현해야 할까? 바로 ☴로 천풍구(天風姤)다. 이제 괘상의 뜻만 밝히면 점치는 행위가 무엇인지 알 수 있게 되었다.

☴ 괘상에서 ☰은 모든 것의 정보다. ☰은 천(天)이라고 하는데, 여기에는 미래와 과거가 동시적으로 존재한다. ☴에서 ☴은 '끌어당김'이란 뜻으로, 바로 하늘을 끌어당기는 형상이다. ☴는 무한히 퍼져 있는 ☰을 ☴이 당긴다는 의미다. 그래서 미래를 알 수 있다는 것이다.

앞서 우리는 ☷의 의미를 이야기한 적이 있다. 이 괘상은 그 릇이라는 사물에 하늘을 담아놓는다는 것이니 바로 문자를 말한다. 문자도 그릇이다. 왜냐하면 그 속에 뜻을 함유시킬 수 있기 때문이다. 괘상 ☶는 ☷이 뒤집어진 것으로 의미가 널리 퍼져 있다는 뜻이다. 다른 말로 의미를 잡아들이려고 애쓰는 모습인 것이다. 미래를 아는 행위는 바로 ☰을 잡는 행위에 다름 아니다. 칼 융의 동시성 원리는 바로 ☶를 뜻한다.

☶ 괘상은 우연이란 의미를 표상한 것인데, 우연 속에 뜻(☰)이 나타남을 말한다. 세상은 우연으로 가득 차 있다. 하지만 그 우연 속에는 하늘의 뜻이 내재되어 있는 것이다. 그런데 하늘의 뜻은 너무나 섬세하여 잡아내기 어렵다. 호킹 박사가 말한 미래 알기 금지는 바로 하늘의 섬세성을 말하는 것이다. 물리학자 베르너 하이젠베르크(Werner Heisenberg)의 불확정성원리(不確定性原理, uncertainty principle)도 미래 알기 금지가 내포되어 있는데, 주역은 이와 달리 미래와의 접촉을 인정하고 있다.

☴은 원래 ☰의 사자(使者)로 하늘(☰)의 뜻을 여기저기로 알리는 존재다. ☴은 바람과 소식(消息)을 의미하는데, ☶ 괘상은 ☴이 하늘로부터 소식을 전하는 것이다. 또한 하늘은 ☴에게 자신의 힘을 실어주고 있는 격이다.

제대로 친 점은 미래를 알 수 있지만 단지 점으로 정밀한 미래를 아는 것은 불가능하다. 소위 말하는 불확정성원리 때문인데, 이 원리는 인간의 관찰행위가 사물의 정보를 훼손시킨다는 뜻이다. 미래는 정밀하게 보고자 하면 오차를 일으킨다. 미래는 대강 크게 봐야 하는 것이다.

예를 들어 어떤 사람이 죽는다는 미래를 알았다고 하자. 이때 정확히 왜 죽느냐, 언제 어디서 죽느냐 등은 알기 어렵다. 하지만 대충 아는 것은 가능하다. 옛 이야기에 점을 치는 도사가 "천기(天機)를 누설하면 안 된다"고 말하는 대목이 종종 나오는데, 이는 미래가 누설되면 세상에 혼란이 온다는 뜻이다. 하늘의 운행은 섬세하고 또한 비밀에 붙여져 있다.

점이란 미래의 일을 겉보기로 알 수 있다는 뜻이다. 예를 들어 자동차는 알 수 있으나 자동차의 엔진까지 알 수는 없다는 뜻이다. 미래는 점치는 행위에 의해 흐릿하게 보이는 것으로, 해상도가 그리 좋지는 않다. 그래도 확실한 건 점치는 행위는 미신이 아니며, 의미가 있는 행위라는 사실이다.

먼 옛날 문왕 당시에는 아예 점을 치는 정부 부서가 있었다. 문왕이 그의 스승 강태공을 만날 때도 정부의 담당관이 점을 쳐서 문왕에게 미래 일을 알려주었다. "이번 사냥에서는 위대한 스승을 만나게 될 것이다"라고 미리 이야기해 준 것이다. 문왕은

이 점괘에 따라 목욕재계하고 경건한 마음으로 사냥을 가 실제로 강태공을 만날 수 있었다.

점치는 것은 공자도 인정한 바 있고, 공자 자신 또한 몸소 점을 치기도 했다. 점은 그 뜻이 괘상으로 나타나는데, 그걸 두고 공자는 이렇게 말했다. "군자는 점을 칠 때 주역의 방식을 취한다."

점이란 대개 미래를 알고자 하는 행위지만 때로는 하늘의 명령을 따르기 위해 점을 치기도 한다. 축구에서 대전표를 추첨할 때 이것은 바로 하늘의 명령을 따르고자 함이다. 학교를 배정받을 때도 추첨을 하는데, 이것도 바로 점을 치는 것이다. 이때의 점은 아주 공정하다. 하늘의 운행은 공정한 것이다. 우연이라고 해도 마찬가지다. 우연 속에는 하늘이 담겨 있는 것이다. 점은 인간의 생각을 초월해 있다. 그렇기 때문에 생각으로 알 수 없는 걸 점에 맡기는 것이다.

주역을 공부하는 사람이 가끔 점을 치면 괘상에 대해 더 많은 것을 알 수 있다. 미신이 아니다. 인간은 자신이 모르는 것을 지칭할 때 흔히 미신이라고 말하는데, 점은 절대 그렇지 않다. 점은 하늘을 공경하는 행위다.

학문은
이해가 먼저다

주역은 다름 아닌 괘상의 해석이다. 옛사람의 글을 무작정 외우는 것은 주역 공부라고 할 수가 없다. 모든 학문이 그렇듯 이해가 첫째다.

우리가 옛사람의 주역 해석을 아무리 열심히 봐도 절대 이해할 수 없다. 너무 오래된 한문이고, 그 당시 그 한문이 어떤 뜻으로 쓰였는지조차 제대로 알려져 있지 않기 때문이다. 어차피 괘상을 이해해야 주역을 아는 것이니 한문을 연구하는 시간에 괘상을 연구하는 게 낫다.

다음 괘상을 살펴보자.

괘상 ䷹은 앞에서 이미 해석한 것이다. 물이 연못에 담겨 있는 것처럼 혼돈이 틀 속에 갇혀 있어서 절제가 이루어지고 있다는 뜻이다.

그렇다면 괘상 ䷻의 뜻은 무엇인가? ☵와 ☱을 사용한 것은 ䷹과 같은데, 상하가 바뀌었을 뿐이다. 여기서 알고자 하는 것은 괘상이 상하로 바뀌면 뜻이 어떻게 변하느냐이다. 이것은 '괘상의 문법'이라고 하는 것인데, 이것을 알아야 괘상을 해석할 수 있다. 우리가 영어를 배울 때 소위 문법이라는 것을 배우지 않았던가. 문법을 모르면 문장을 제대로 해석할 수 없다. 대성괘는 팔괘를 단어로 사용하고 있기에, 당연히 문법도 있다. 두 괘상을 비교해 보자.

䷻䷹

여기서 ☵은 물이 그릇에 충만하다는 뜻이다. 그렇다면 ䷻ 괘상은 물의 결핍을 뜻한다. 호수가 메말라 바닥에 물이 조금 모여 있는 상태가 ䷻이다. 이 괘상은 작은 것이 큰 그릇에 갇혀 있다는 뜻이다. 어린아이가 넓은 광장에 홀로 있으면 바로 ䷻이다. 죄수가 담 높은 교도소에 갇혀 있는 것도 같은 뜻이다. ䷻은 갈증과 고독을 나타내기도 한다.

물이 많음　　　물이 적음

　상하가 바뀌면서 뜻이 어떻게 바뀌는가를 살펴보라. ☵의
위치에 따라 물이 적거나 많거나가 결정된다. 다른 괘상을 보자.

　䷃ 괘상도 앞서 공부한 것인데, 어른이 방에 갇혀 있다는 뜻
이다. ䷝의 의미는 어른이 밖으로 나가는 모습이다. ䷃과 무엇
이 바뀌었는지 확인해 보라. 괘상의 상하가 바뀌었을 뿐이다.

　다른 괘상을 살펴보자. ䷷ 괘상은 여행을 떠나는 모습이다.
䷍ 괘상은 깊숙이 집 속에 들어가 있다는 뜻이다. 두 괘상은 상
태가 서로 반대다. ䷏ 괘상은 산에 안개가 걷히는 형상이며, ䷚
괘상은 안개 속에 갇혀 있는 형상이다. ☱은 안개를 뜻한다. 모
두 써보자.

　상하가 바뀜으로써 뜻이 바뀌는 것은 모든 괘상에 일률적
이다. 주역의 괘상은 해석하는 데 일정한 법칙이 있는 것이다.
이 법칙을 모르면 괘상을 수십 년 들여다봐도 뜻을 모른다. 괘

상이 상하로 바뀔 때 뜻이 변하는 틀을 기억해야 한다. 더 나아가 보자.

☷ 괘상은 아래로 뭉쳐 있는 모습으로, 몸 속 병인 암(癌)도 이와 같은 상태다. 상하를 바꾸어보자. ☶은 무슨 뜻인가? 이는 덩어리가 부서지고 있다는 뜻이다. ☷은 뭉치고, ☶은 부서진다.

☲ 괘상은 불꽃이 활활 타오르는 모습이다. ☳ 괘상은 장작 밑에 불씨가 이제 막 붙은 형상이다.

☵ 괘상은 물이 흩어지는 모습이다. ☶ 괘상은 물이 모여드는 형상이다.

☶ 괘상은 혼돈 상태에 빠져든 것이다. ☷ 괘상은 위험에서 벗어난 상태다.

괘상 모두를 함께 써보자.

| 쌓임 | 불이 활활 | 물이 분해됨 | 혼돈 |
| 부서지고 있음 | 불씨가 붙음 | 물이 쌓임 | 탈출 |

이처럼 괘상이 상하로 바뀐 상황을 설명했다. 모두 16개의 괘상을 다루었는데, 이는 주역의 4분의 1에 해당되는 것이다. 여

기서 다루지 않은 나머지 괘상도 똑같은 논리를 적용하여 풀 수 있다. 벌써 주역의 4분의 1을 공부하고 나머지도 풀어낼 수 있는 방법을 배웠다. 이 방법을 다른 괘상에 적용해 보자.

| 숨어 있음 | 높아지려고 애씀 | 깊은 연못 | 지나친 권력 |
| 크게 일어남 | 몸을 낮춤 | 얕은 연못 | 권력 아래를 유지 |

위의 8개 괘상을 살펴보자. 상하로 바뀌면 뜻이 반대로 바뀐다. 이제 당신은 24개의 괘상을 이해한 것이다. 다시 전진하자.

| 잔뜩 흐림 | 태양이 떠오르고 있음 | 전진 | 지하수 |
| 맑아짐 | 태양이 높이 떠올라 있음 | 앞이 막힘 | 분출된 물 |

이상으로 주역의 괘상 32개를 살펴보았다. 주역의 2분의 1이나 알게 된 것이다. 시작이 반이라는 말이 실감날 것이다. 옛사람이라면 30년 걸릴 것을 30분 만에 이해한 것이다. 주역의 괘

상은 마구잡이로 되어 있는 것이 아니고 질서정연한 관계를 유지하고 있다. 지금까지 공부한 괘상 32개 외에 나머지 32개는 독자 여러분이 직접 풀어보라. 막힘이 없을 것이다.

상하의 괘상을 바꾸어서 해석하는 것은 주역이라는 문장을 해석하는 최초의 문법이다. 주역의 문법은 몇 가지가 더 있는데, 이들은 괘상의 뜻을 더욱 확실하게 하는 방법이다. 하나의 문법으로도 해석 가능한 것을 다른 각도에서 조명함으로써 괘상의 해석에 흔들림 없이 하고자 하는 것이다. 다음을 살펴보자.

물이 적음   물이 많음   물이 쏟아짐

3개로 묶어 비교하니 ☵의 뜻이 더욱 확실해졌다. 다시 보자.

담겨 있다   쏟아졌다   물이 많다   물이 적다

이 괘상들은 '많다' '적다'와 '담겨 있다' '쏟아졌다'는 것을 보여주고 있는데, 이런 방식으로 괘상을 여러 상황에 맞추어 봄

으로써 해석이 흔들리지 않게 된다. 하나만 더 살펴보자.

숨어 있음 → 크게 나섬

이 과정은 괘상을 뒤집어본 것이다. 주역의 원전은 이러한 방식을 채택하고 있다. 원전은 먼 옛날 누군가 해석한 것이지만 현대 수학으로 보면 옛사람이 다루지 않은 방법이 몇 개 더 있는 것이다.

우리는 괘상을 해석하는 방법이 질서정연하게 존재한다는 것을 확인했다. 괘상은 막연히 들여다본다고 알 수 있는 게 아니다. 어떻게 하든 해석의 열쇠를 찾아내야 한다. 우리는 그 열쇠를 찾아 주역의 2분의 1을 해석했다. 이제 다음 열쇠를 찾아보자.

5

64괘로
세상의 의미를
찾다

반대의
의미

주역은 괘상 논리다. 괘상은 말로 하는 설명 그 이상의 자체 논리를 가지고 있다는 뜻이다. 이 논리는 과학적 방법이 아니면 절대로 알 수 없다. 예를 통해 살펴보자.

이 괘상을 아는가? 앞서 여러 차례 등장했다. 사물이 그릇 속에 담겨 있는 형상으로, 사람이 방에 틀어박혀 있는 것을 보여준다.

이 패상은 밖에 있는 것으로서, 여행 등을 표현한 것이다. 두 패상을 비교해 보자.

집 안에 있다   집 밖에 있다

서로 뜻이 정반대다. 패상의 모양을 보라. 정반대가 아닌가.

이는 패상의 모양이 반대이면 그 뜻도 반대라는 것이다. 당연하다. 패상의 뜻은 그 패상의 모양에서 나온 것이므로 뜻이 반대가 아닐 수 없다. 다른 패상을 보자.

쌓임   흩어짐

뜻도 반대고 괘상의 모양도 반대다. 서로 딱 맞아떨어지는 것이다. 또 다른 괘상을 보자.

갇힘   뛰쳐나감

역시 딱 맞아 떨어진다. 그림이 반대면 어김없이 뜻도 반대다. 64괘가 모두 이렇게 되어 있다.

32개 ← 반대 → 32개

따라서 주역 64개 괘상 중 그 절반인 32개만 알면 나머지는 저절로 알 수 있다. 우리는 하나의 개념을 이해했을 때, 반대 개념 역시 유추할 능력이 있기 때문이다. 몇 개의 괘상을 더 살펴보자.

허전하다   뿌듯하다

뜻이 반대고 그림도 반대다. ☵은 결핍을 뜻하므로 허전하다고 하는 것이고, ☱는 충만을 뜻하므로 뿌듯하다고 하는 것이다.

지나친 자유　　　　지나친 억압

기다림　　　　나아감

어려울 것이 없다. —과 --이 반대이므로 ☳과 ☶이 반대
고, ☰과 ☷이 반대다. 괘상은 이렇게 비교됨으로써 뜻이 분명
해진다. 억지로 괘상을 해석할 필요가 없는 것이다. 양(—)과 음
(--)이 반대라는 것은 이미 전제되어 있으므로, 그와 같은 기호
(—과 --)를 쓰는 순간 그 논리에 따를 수밖에 없다. 마지막으로
하나의 괘상을 더 비교해 보자.

날이 개인다　　　어두워진다

주역의 괘상은 모두 이와 같은 논리로 되어 있다. 인간의 언
어도 그렇게 되어 있을까? '무섭다'의 반대말은 무엇일까? '우습

다'일까? '괜찮다'일까? '안전하다'일까? 이것이 반대말이라고 이야기하기는 어렵다. 어떤 사람은 '무섭지 않다'가 반대말이라고 주장할 텐데, 그렇다고 이야기할 수 없다. 무서움의 반대 감정을 뜻하는 말이 아니기 때문이다. 언어는 인간의 의식 유형을 모두 표현하지는 못한다. 융이 인간 의식의 유형을 전부 알아내기 위해 주역을 사용한 것도 그런 이유 때문이다. 주역의 괘상을 사용하면 모든 상황이 잘 정리된다.

이 괘상은 웃는다는 뜻이 있다. 반대는? 괘상을 반대로 쓰고 해석하면 된다. ䷐의 반대는 ䷘이다. 이 괘상은 무서워서 쩔쩔 맨다는 뜻이다. 그래서인지 정신과학자들은 인간이 웃는 것은 무섭지 않기 때문이라고 이야기한다. '우습다'의 반대말이 '무섭다'인 것이다. 조폭들이 싫어하는 것은 그들을 우습게 보는 것이다. 사람을 우습게 보지 말라는 뜻이고, 다른 말로 무섭게 봐달라는 뜻이다.

한 사람이 화를 내고 있다면 이의 반대는 웃고 있는 것일까? 아니다. 화내는 것의 반대는 여유가 있다는 것이다. 화라는 것은 조급해서 나오는 행동이다. 화 안 낼 일도 성질 급한 사람은 일단 화를 내고 본다. 마음에 여유가 있으면 화는 저절로 삭힐 수 있는 법이다. 이들 괘상은 무엇일까?

성질이 조급해서 화를 내는 것은 괘상으로 ䷏이며 뇌지예(雷地豫)라 한다. 마음에 여유가 있는 것은 ䷈으로 풍천소축(風天小畜)이다. 두 괘상은 서로 반대다. 융이 주역을 공부했던 이유는 인간의 마음을 분명하게 정의하기 위함이었다. 그것이 바로 정신의 과학적 분석이기 때문이다.

인간의 언어에도 반대말이 엄연히 존재한다. 하지만 앞서 말한 것처럼 언어는 인간의 의식을 전부 표현하지 못한다. 그렇기에 인간의 의식을 자세히 표현하지 못한다. 예를 들어 '무섭다'와 '우습다'의 중간 개념은 없는가? 지금의 언어로는 이와 같은 개념을 표현할 방법을 개발하지 못하고 있다. 그러나 주역은 수학을 사용함으로써 반대말, 비슷한 말 외에 중간 개념도 표현할 수 있다.

우리는 왜 주역의 괘상을 알고 싶은가? 뜻을 분명하게 하기 위함이다. 나는 주역의 괘상으로 사물의 뜻을 분석한 지가 50년이나 되었다. 그러다 보니 괘상으로 만들어놓지 않으면 명확한 뜻을 알 수가 없는 것이 많다. 반면 사람들은 뜻을 대충 담아놓을 뿐 정밀하게 확인하지 않고 지낸다.

주역의 기호는 반대라는 것이 존재할 수 있게 한다. 현재의 기호를 보자. H_2O는 물의 원소기호인데, 이것의 반대는 무엇일까? 물의 반대? 그것은 불이다. 그런데 불을 표현하는 기호는 없다. 현대과학에서 물질을 기호로 표시하는 방법은 제법 편리하지만, 주역의 괘상에 비교할 바는 못 된다.

현재 우리는 주역 64괘가 서로 반대로 나눠짐으로써 32개씩 서로 비교할 수 있다는 것을 알았다. 주역을 연구하는 노력이 절반으로 줄어든 것이다. 그러나 과학의 또 다른 개념을 주역에 도입하면 32개씩이 아닌 16개씩으로 나누어진다.

우리는 이제 주역의 괘상이 서로 반대되는 것으로 짝지을 수 있다는 것을 알게 되었다. 이로써 주역 공부를 절반의 노력만으로 할 수 있게 된 셈이다. 팔괘를 나열해 보자.

☷ ☰ ☲ ☵
☶ ☱ ☳ ☴

이 괘열에서 상하가 서로 반대인 짝이다. 팔괘는 4개의 괘상만 알면 나머지를 알 수 있다. 64괘는 32개만 알면 되는 것이다. 이런 방법들이 바로 주역을 과학적으로 해석하는 것이다.

우리를
불러들이는
미래

시간은 언제부터 흐르기 시작했을까? 자연과학에서는 137억 년 전에 시작되었다고 말한다. 그렇다면 그 전은 무엇인가? 현대 과학은 답한다. 시간은 137억 년 전부터 있었으니 그 전이라는 과거는 존재하지 않는다고. 그 이유는 우리의 우주가 137억 년 전에 만들어지고 그 후부터 시간이 흘렀기 때문이라는 것이다.

137억 년 그 이전은 어떤 상태일까? 과학자들은 그 당시를 무(無)라고 말하는데, 여기서 노자가 이야기한 만물은 무에서 생겼다는 것을 떠올릴 수 있다.

"천하 만물은 유에서 생기고, 유는 무에서 생겼다(天下萬物生

於有 有生於無)."

이 말에서 만물이 유에서 왔다는 것은 유가 변해서 만물이 되었다는 것이니 유가 바로 만물이고, 만물이 유인 것이다. 유라는 것은 우주 시공을 포함하여 그 안에 있는 모든 것을 말한다. 유가 유를 만들었다는 것은 어려운 내용이 아니다.

정작 어려운 내용은 유가 무에서 생겼다는 것이다. 호킹 박사는 무의 요동에 의해 우주가 생겼다고 주장했는데, 이는 노자의 "유는 무에서 생겼다"는 말과 같은 맥락이다. 아무것도 아니고, 아무것도 없는 무에서 어떻게 우주가 생겨날까? 호킹 박사는 불확정성 원리에 의해 우주가 생긴 것이라고 말한다. 더 정확하게 말하면 에너지-시간 불확정성 때문에 우주가 생겼다는 것이다.

이게 무슨 뜻일까? 어려운 것은 없다. 우주가 생기기 전은 무가 요동치던 시기였다. 무라는 것은 안정적 요소가 아니다. 그것은 항상 불안하다. 무는 무 그 자체도 없어야 하기 때문이다. 이런 상태를 주역에서는 태극이라고 말한다. 하이젠베르크의 불확정성 원리는 바로 태극을 이야기하는 것이다.

하이젠베르크는 주역을 공부하여 이것을 깨달았다. 무는 정지되어 있기도 하고 움직이기도 하는 존재다. 보통 사람은 무란 텅 빈, 아무것도 아닌 존재일 것이라고 생각하는데, 실은 그게 아니다. 무는 요동치는 존재로서 양의 성질을 가지고 있다. 물론 무는 음의 성질도 가지고 있다. 그래서 태극이라고 말하는 것인데, 이는 태극은 음도 양도 아니라는 의미도 된다.

태극은 고도의 균형이다. 이도 저도 아니니 얼마나 평등한가. 그러나 이도 저도 아니라는 자체가 또한 치우친 것이므로 태극은 이도 되고 저도 되는 것이라는 뜻도 있다. 그래서 태극을 둘로 쪼개서 이해하는 것이 편리하다. 태극은 요동치는 존재인데, 이것은 가끔 정지하기도 한다.

이때에 주목하자. 무한히 움직이기만 하는 존재가 멈추었다면 어떻게 되는 것일까? 주역의 괘상으로 풀어보자. 우주는 빅뱅에서 시작되었다. 이 상태는 ䷊로 표현할 수 있다. ䷊ 괘상을 보면 음(☷)이 양(☰) 위에 있다. 무슨 뜻일까?

이는 시간의 흐름을 나타낸 것이다. 우주는 처음엔 요동쳤다. 그러고는 정지되었다. 즉, ☰ → ☷다. ☰은 무한히 요동치는 존재고 ☷은 물질이다. ䷊에서 ☰이 과거고 ☷이 미래다. 앞서 잠깐 설명한 것처럼, 주역의 모든 괘상은 하 → 상이라는 시간의 방향성을 가진다. 처음엔 ☰이었다. 이것은 한없이 빠르게 움직이는 존재다. ☰은 그 속도가 무한대다.

그런데 이것이 정지했다. 무슨 일이 일어날까? ☰의 정지는 스스로 일어나지 않는다. ☷이 있어야 한다. 즉, ☰은 ☷을 창조했다는 뜻이다. 이 말은 ☰이 변해서 ☷이 되었다는 말과 전혀 다르지 않다. 처음에는 ☰만 있었다. 미래에는 정지될 존재인 것이다. 이제 그 작업이 시작되었다.

☰은 애써 정지하고 있는 중이다. 그래서 결국 ☷이 되었다. ☷은 시공이지만 갑자기 정지했기 때문에 ☰의 힘을 고스란히 다 받아야만 했다. 이는 우리가 달리다가 갑자기 멈춰선 것과 비슷하다. 이때 우리 몸은 더 나아가려는 힘을 참고 견디어야 한다. ䷗에서 ☷은 미래로, ☰의 기운을 받아서 팽창할 수밖에 없다.

이것을 자연과학에서는 인플레이션 우주(inflationary universe)라고 말한다. 우리 우주는 처음엔 인플레이션, 즉 급팽창이 있었다. 그 후 완만하게 팽창했는데, 완만한 팽창이 바로 빅뱅(Big Bang)이다. 빅뱅은 ☷이 폭발하여 생긴 산물이다. 우주의 팽창은 현재도 계속되고 있다.

어떤 사물이 강력한 힘으로 움직이다가 갑자기 정지하면 정지 후에도 자신이 움직였던 시절의 힘을 고스란히 다 받아내야 한다. 괘상 ䷗에서 ☷은 과거의 자신으로부터 움직이려는 성질을 받고 있고, ☷의 과거인 ☰은 정지하려는 성질을 미래의 자신으로부터 받고 있었던 것이다.

여기에 시간의 비밀이 있다. 우리는 우리의 미래로부터 힘을 받고 있는 것이다. 반면 현재는 과거로부터 힘을 받는 것이다. 음양의 힘은 시간을 초월해 있다. 현재 우리는 뒤에서는 밀고 앞에서는 당기는 상태에 있다. 우리의 미래는 우리가 거기에 가기 전에 이미 그 자리에 있는 것이다. 과거도 마찬가지다. 우리가 과거로부터 떠나왔지만 그 과거는 여전히 살아서 현재에 영향을 미치고 있는 것이다.

다소 어려운 개념이지만 시공의 초월성을 이해해야만 우주의 현상을 이해할 수 있다. 우주의 현상은 기차가 앞으로 달려가듯 미래를 향해 나아가는 게 아니다. 자기 자신인 미래로부터 끌리고 자기 자신인 과거로부터 밀리고 있는 것이다.

이것에 대해 노자는 이렇게 말했다.

"만물은 음을 등에 지고 양을 안는다(萬物負陰而抱陽)."

우주의 모든 사물은 자신의 과거를 등에 지고 자신의 미래를 향한다는 의미다.

주역은 현재의 사물이 미래로 가는 것을 추적하고 있다. 예를 들어 ䷗이 있다면 이는 ☳ → ☷라는 뜻이다. 모든 괘상이 모두 그와 같은 뜻을 나타내고 있는 것이다. 과거에서 현재로 현재에서 미래로, 이것이 바로 시간의 흐름으로 주역의 괘상은 팔괘를 상하로 배치함으로써 이를 표현한다.

　현재를 ☷ 상태라고 해두자. ☷은 고요하고 수동적이고 안정적인 사물이다. 그런데 이것이 갑자기 요동친다. 즉 ☷ → ☳로 변화하는 것이다. ☳은 요동친다는 뜻이다. 과거와 미래를 한번에 나타내보자. 즉 ䷲ 괘상은 ☷ → ☳이라는 뜻이다. ☷은 자신의 미래로부터 영향을 받아 벌써부터 진동을 느낀다. 부화뇌동(附和雷同)이란 말이 있는데, 이것이 바로 그런 상태다. 단지 자신의 미래로부터 현재인 자기가 영향을 받는다는 것이 특별할 뿐이다.

　괘상을 다시 보자. ䷗ 괘상은 ☷이 미래의 ☳으로부터 영향을 받아 요동치려 하고 요동이 시작된 ☳은 과거의 ☷으로부터 영향을 받아 정지 상태로 돌아가려는 것을 나타낸다. 시간의 흐름은 바로 이것이다. 과거는 미래로 가려고 하고 미래는 과거로 되돌아가려는 것이다.

　제갈공명은 점을 쳐서 ䷗ 괘상을 얻고 전쟁을 준비했다. 그런데 여기에는 재미있는 일이 함축되어 있다. 전쟁은 제갈공명이 일으킨 것이었다. 이때 현재의 제갈공명은 미래의 자신인 ☳의 영향을 받아 전쟁을 일으키고 싶었던 것이고, 전쟁이 시작되자 과거의 ☷으로부터 정지하라는 압력을 받게 된다. 우스워 보일 수도 있지만 시간은 이렇게 되어 있다. 만약 이해하기 힘들다면 그저 시간이란 것이 그렇구나 생각하고 보라.

　우리 자신은 현재 과거로부터 오는 힘을 받으면서 미래로부터 오는 신호를 따라가고 있다. ䷲는 ☷이 미래의 영향을 받아 진동 속으로 빨려들어 가는 모습을 나타낸 것이다. 그저 ☷ 위에 ☷이 있다는 의미가 아니다.

　다른 변화를 보자. ䷳ 괘상은 마찬가지로 ☷ → ☶이다. ☶ 괘상은 맨 위에 ―이 있어 움직이려 하지만 아래에 ☷이 있어 별 수 없이 주저앉는 모습이다. 산이란 본시 움직이고는 싶지만 움직일 수 없다는 뜻을 함축하고 있다.

　䷲은 ☷에서 ☳으로 발전했지만 ☷ 자체가 요동치는 존재가 아니기에 ☷은 자연스럽게 ☷으로 가고 있다. 그러나 ☷에 도달해서는 ☷이 ☳을 잡아 내린다. ䷗ 괘상은 지도자가 전진하려고 하는 것을 따라야 할 사람들이 발목을 잡고 있는 모습이다. ䷗은 아랫사람이 으레 윗사람을 반대하려는 속성을 표현하기도 한다. 아래에 있는 ☷은 ☳이 커나가는 것을 가만히 두고 싶지 않을 뿐 다른 이유는 없다. ䷗ 괘상은 붕괴하는 모습 자체고, 또한 올라서려는 노력을 하고 있는 모습이다. 상하가 싸우고 있는 것이다. 현재 가난한 사람은 ☷으로, ☷의 지휘를 받고 싶지 않아 한다. 또한 부자가 되고 나서 저 하나만큼은 잘 살려고 애쓰는 것이다. 미래로 나아가는 두 괘상을 비교하자.

☶ ☳

두 괘상을 나란히 놓고 보니 아래는 공통적이다. ☳은 ☴으로 갈 수도 있고 ☶으로도 갈 수 있기 때문에 각각 그 상태를 표현한 괘상이 있는 것이다. 여기서 ䷗는 양(—)이 깊숙이 박혀 있다. 이는 움직임이 강하다는 뜻이다. 사장이 직접 현장에서 직원을 독려하는 모습이다. 그러나 ䷖은 양이 높은 곳에 있어 아래에 있는 ☷에 영향을 조금밖에 주지 않는 것이다. 즉, 위 따로 아래 따로인 상황이다.

괘상 하나를 더 보자. ䷒는 ☷ → ☳을 뜻한다. ☳은 ☷에 활력이 들어간 모습이다. 지도자라면 적당히 아래쪽도 살펴봐야 한다는 걸 보여주는 것이다. 3개의 괘상을 비교해 보자.

䷗ ䷒ ䷖

여기서 ☷ → ☳인 ䷒은 약한 변화를 보여주고 있다. 반면 ䷗는 급변 상태를 뜻한다. 군대가 출동한 것처럼 격렬한 활동이 개시된 것이다. ䷗는 갑작스레 변화하고 ䷖은 너무나 느린 변화이다. ䷷는 무엇인가? 그 중간인 것이다. 즉 적당한 속도의 변화가 ䷷인 것이다. 여기서 괘상은 양(—)의 위치에 따라 해석이 달라지는데, 그것을 살피는 것이 바로 효동론(爻動論)이다. 효동론에 대해 더 설명하게 되면 너무 어려워지므로, 여기서는 양의 위치에 따라 해석이 달라진다는 정도로만 이해하면 된다.

다시 괘상을 보자.

☳ 괘상은 ☰→☳으로, 강력한 어떤 것이 ☷에 의해 정지되었다는 뜻이다. 그런데 ☷의 힘은 ☰을 감당하지 못한다. 그래서 ䷲ 괘상은 ☰이 ☷를 돌파한다는 뜻이다. 음(--) 하나가 나타나 ☰을 막으려 하지만 역부족인 것이다. 그리고 위의 ☷는 과거의 ☰에 의해 견디지 못하고 더 먼 미래에는 붕괴된다는 것을 보여주고 있다.

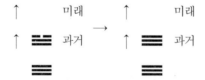

여기서 →은 ䷲가 붕괴되어 ☰이었던 과거로 되돌아간 것을 의미한다. ↑은 시간의 방향이다. 시간이 다차원적 존재라는 것은 현대과학에서도 밝혀지고 있는데, 주역은 이미 그 현상을 다루고 있었다는 것이 놀랍다.

시간에 대해서는 이 정도로 충분히 설명한 것 같다. 여기서 우리가 잊지 말아야 할 것은 현재의 우리는 그냥 미래로 가는 게 아니라 미래가 우리를 불러들이고 있다는 개념이다.

이름의
뜻부터
알아야 한다

　　얼마 전 주역 공부하는 사람으로부터 질문을 받았다. 주역
공부는 어떻게 해야 좋은지를 물어왔던 것이다. 그는 법관을 은
퇴한 나이 지긋한 분으로, 주역을 40년간 공부했다고 한다. 또한
그는 어렸을 때부터 한문을 공부하여 지금은 모르는 한자가 거
의 없다는 것이다. 그런데 문제는 40년간 공부했어도 주역에 대
해 아는 것이 없어서, 이제부터 어떻게 공부해야 주역을 알 수
있느냐는 것이었다. 그는 또 주역은 온 세상 최고의 학문이라고
알고 있는데, 어째서 그런지 이해가 안 된다는 것이었다. 그가
40년간 공부한 주역은 도대체 무엇이란 말인가!

그분의 심정을 나는 충분히 이해하고도 남는다. 그런 분을 나는 무수히 만나봤다. 어쩌면 주역을 공부했던 모든 사람이 그럴 거라고 생각한다. 주역은 소문만 요란했지 정작 부딪쳐 공부하려고 하면 뭐가 뭔지 도통 모르겠다는 것이 그들의 고충인 것이다. 소문 따라 공부했으나 인생에 별로 도움이 안 되고, 그동안 공들인 시간이 아깝다고까지 말한다.

나는 그분에게 물었다.

"괘상 ䷶ 은 뇌화풍(雷火豊)이라는 이름이 붙어 있는데 왜 그런 이름인지 아십니까? 또한 ䷅ 괘상은 천수송(天水訟)이라는 이름이 붙어 있는데 왜인지 아십니까?"

그분은 내 질문을 받고 그야말로 깜짝 놀랐다. 그분은 눈을 크게 뜨고는 놀란 표정으로 답했다.

"아니, 이름이야 그냥 짓는 것이지 이유가 있겠습니까?"

정말 어처구니없는 대답이었다. 사람의 이름이야 마음대로 지으면 된다. 그러나 주역의 괘상은 그 자체로 뜻을 가지고 있고, 그래서 그 뜻에 부합하는 이름을 택해야 했다. 예를 들어 괘상 ䷻ 은 수택절(水澤節)이라고 불러야 하지 뇌화풍(雷火豊)이라고 불러서는 안 된다. 풍이나 절은 괘상에 그런 뜻이 있어서 그렇게 지은 것이다.

나는 그분에게 간곡한 표정으로 말했다.

"옛 성인이 각 괘상에다 그런 이름을 붙인 것은 그 괘상에 그 이름을 붙여야만 할 이유가 있기 때문입니다. 따라서 주역을 공부하는 사람은 그 무엇보다도 각 괘상에 어째서 그 이름이 붙었는지를 연구해야 합니다. 이름의 뜻을 모르면 주역은 한 걸음도 나갈 수가 없지요."

그분은 반문했다.

"그 많은 괘상의 이름을 낱낱이 뜻을 알아야 한다고요? 그걸 언제 다 합니까!"

그분의 말은 정말 어처구니없었다. 40년 동안 주역을 공부했다고 하면서 가장 필요한 것은 생각조차 안 해봤던 것이다. 나는 강한 어투로 말했다.

"주역 괘상은 64개밖에 없습니다. 몇 시간 정도 생각하면 그 이름의 이유를 알 수가 있습니다. 주역 공부는 그다음부터 해야 합니다."

그분은 그제야 내 말에 동감했는지 고개를 조금 끄덕이고는 잘 알았다고 겨우 대답했다. 그분이 그 이후 괘상 이름을 연구했는지는 알 길이 없다. 아마도 예전에 하던 식으로 계속 책만 읽고 있을 것 같다. 모든 사람이 그렇게 하고 있다. 그래서 내가 이 책을 쓰고 있는 것이다.

문 주역은 어떤 식으로 공부해야 하는가?

답 주역은 제일 먼저 괘상에 왜 그 이름이 붙어 있는지 이유를 알아야 한다.

주역 공부는 이렇게 해야 한다. 주역을 오래 공부했는데 그 이름의 뜻조차 모른다면 그 공부를 왜 하는 것인가? 현재 독자 여러분은 주역이란 학문에 진지하게 접근하고 있는 중이다. 그렇다면 괘상의 이름부터 알고 왜 그런 이름을 붙였는지를 최우선적으로 알아야 한다고 간절히 당부하고 싶다.

주역의 괘상에 이름이 붙은 것은 공자가 태어나기 수천 년 전이다. 전하는 바에 의하면 주역 괘상의 이름은 한 사람의 작품이 아니고 많은 성인(聖人)이 관여했다고 한다. 그것이 사실인지는 알 길이 없으나 괘상의 이름이 정해져 있다는 것은 움직일 수 없는 진실 그 자체다.

괘상의 이름은 처음에는 생소할 것이다. 그러나 조금 생각해 보면 그리 어렵지 않게 알 수 있다. 그 누구나 '아! 그렇구나'를 외칠 수 있다는 뜻이다. 다시 말하거니와 주역을 공부하려거든 먼저 괘상에 그 이름이 붙은 연유를 탐구하라!

괘상의 이름의 뜻을 알고 나면 이제 주역 공부를 본격적으로 시작하는 것이다. 그 전에는 40년 아니라 100년을 공부했어도 그것은 주역 공부가 아니다. 그것은 주역 공부를 하는 것이 아니고 누가 설명한 것을 막연히 외우는 것이다. 이유도 모른 채. 그래서는 아무리 공부한들 주역이 무엇인지 알 수가 없다.

괴상의
질서

이 세상에 많은 것들이 순환을 하면서 존재한다. 우리 몸속에 피가 순환하는 것을 비롯하여 계절의 순환, 1년 12달의 순환, 사회제도로서 일주일의 순환, 바닷물의 밀물과 썰물 등 순환은 우리 주변에서 얼마든지 볼 수 있다.

순환은 사물이 존재하는 최선의 수단인데, 순환하지 못하는 사물은 금방 사라지게 된다. 자연계란 사물이 서로 의지하면서 현상을 일으키기 때문에 순환들은 서로 고리를 이루거나 또는 내부 구조를 가지고 있는 것이다.

우리 지구는 태양 주위를 돌며 1년 주기로 순환을 하는데, 만약 지구가 태양 주위를 돌지 않게 되면 지구는 우주 어딘가로 날아가서 사람이 살 수 없을 것이다. 지구는 태양을 순환하기 때문에 존재하고, 그로 인해 계절의 순환과 12개월의 순환체계가 이루어지고, 인간은 그 안에서 사회적 순환을 만들어 살고 있다.

그래서 세상의 사물은 주기적으로 존재하는 것이다. 생물도 탄생주기가 있고, 사업도 잘되는 주기가 있으며, 우리 인생도 운명의 주기가 있다. 세상을 파악하려면 그 주기를 눈여겨봐야 한다. 사물은 공간적으로 순환하며 시간적으로도 순환하는데, 생명체는 이에 적응하며 살아가는 것이다.

철새는 계절에 따라 여러 지역으로 광범위하게 이동한다. 그리고 다음 해에도 그 패턴을 유지하는 것이다. 어떤 사물이 나타나서 순환을 유지하지 못하면 그것은 어느덧 사라진다. 그것은 정착에 실패한 것이다. 정착이란 세상의 사물 어딘가에 접속해야만 가능한 것인데, 일단 접속에 성공하면 그 속에서 순환해야 한다.

모든 사물은 어디엔가 의지한다. 세상은 얽혀 있다. 그렇기 때문에 순환만이 살아남을 수 있다. 사물은 큰 순환에 적응해 자기 자신도 순환을 일으켜야 존재할 수 있다는 뜻이다. 사람이 옷을 입는 것도 계절에 따른 일정한 종류가 있어 순환한다. 한 가지 타입의 옷만 고집하면 그는 겨울에 추워 죽거나 여름에 더워 죽을 것이다.

'혼돈(混沌, chaos)'이란 말이 있는데, 이것은 순환을 상실한 현상계를 뜻한다. 사물의 생존체계 안에 순환을 이루지 못하면 그 사물은 곧 멸망하기 때문에 혼돈이라고 말한다. 우주 초기에는 모든 것이 혼돈스러웠다. 그러던 것이 차츰 생존체계를 찾아갔는데 그게 바로 순환이다.

하나의 순환이 우주에서 발생하면 그에 따라 많은 순환이 연이어 탄생할 수 있는데, 오늘날 우리 우주는 많은 순환을 이뤄 크게 안정되어 있는 것이다. 사회란 안정되어야 존재할 수 있는데, 이것은 혼돈이 제거된 상태를 말한다. 전쟁이 나면 우리 사회는 혼돈에 빠지고 순환이란 것이 소멸해 간다. 급기야 그 어떤 순환도 존재하지 않으면 국가는 멸망에 이르게 되는 것이다.

세상을 알려면 그곳에 존재하는 순환을 살펴야 한다. 주역은 세상에 존재할 수 있는 수많은 순환을 체계적으로 다루고 있다. 다음의 괘열을 보자.

이것은 원소가 12개인 순환체계인데, 옛사람들은 1년 12달을 여기에 맞추어서 이해했다. 마침 우리의 지구는 위의 괘열에 정확히 일치하는 순환을 이루고 있었다. 지구가 12개월 주기

로 되어 있는 것은 우연인지 누구의 창조 때문인지는 알 길이 없
다. 하지만 1년 12개월은 주역의 어떤 순환과 일치하고 있다. 따
라서 위의 괘열을 잘 살피면 12개월의 뜻도 확연해진다. 조금 더
자세히 살펴보자.

이 괘열에서 ━은 양이고 ━ ━은 음인데, 괘상은 양이 점점
증가하다가 ☰에 이른 이후 음이 차차 증가한다. 이 괘열을 보면
12개의 괘상은 일정한 틀로 변화하기 때문에 괘상의 뜻을 비교
해석하는 데 크게 도움이 된다. 또한 괘열은 순환한다. 세상에는
이 괘열과 일치하는 12개월의 성질이 있고 괘열의 변화가 아주
단순하여 참으로 알기 쉽다.

그래서 옛사람은 이 괘열에 참가하는 괘상을 군주괘(君主卦)
또는 십이소식괘(十二消息卦)라고 불렀다. 군주괘라고 한 이유는
괘상이 질서정연하기 때문이었다. 여기 나오는 12개 괘상 외의
52개 괘상은 잡괘(雜卦)라고 불렀다. 나머지 괘상들은 질서가 없
다는 뜻이었다. 그런데 옛사람의 지혜에도 한계가 있었다. 실은
나머지 52개의 괘상도 군주괘와 똑같은 법칙으로 정렬시킬 수
있다.

내가 이 문제를 풀어나간 과정을 보자.

45년 전 나는 이 문제에 도전하기로 작정했다. 대자연계는 평등해야 할 텐데 어떤 괘상은 질서가 있고 어떤 괘상은 질서가 없다는 것이 나에게 납득되지 않았다. 분명히 잡괘 52개도 질서가 있어야 한다는 것이 나의 믿음이었다. 45년 전 당시 나는 수학에 대해서 잘 알고 있었기에 이 문제 정도는 풀어낼 자신이 있었다. 또 주역 64괘는 6층으로 만들어진 자명한 구조를 갖고 있기 때문에 질서가 없을 수 없다는 직감도 작용했다.

나는 이 문제를 속리산에 들어가 풀기로 했고, 이 문제를 풀지 못하는 한 산 속에서 죽기를 각오했다. 그만큼 주역의 섭리가 알고 싶었던 것이다. 대단한 결의를 다지고 나는 속리산으로 출발했다. 마음속에서는 '기필코 문제를 풀어내리라. 죽어도 좋다. 끝까지 계속할 것이다!' 이런 생각으로 격랑이 일고 있었다. 그러나 속리산은 아직 멀리 있으니 달리는 차 안에서 일단 잠을 청했다. 산에 도착하면 필사적이 되어야 할 터라 잠시나마 휴식이 필요했던 것이다.

얼마나 잠들었을까? 나는 갑자기 깜짝 놀라서 깨어났다. 문제가 저절로 풀렸던 것이다. 잡괘도 군주괘와 똑같은 법칙을 적용하면 12개씩 짝이 지워진다는 것을 비몽사몽간에 깨닫게 된것이다. 나는 즉시 노트를 꺼내 군주괘를 써보았다.

䷁䷖䷇䷆䷎䷏䷧䷻䷂䷚䷡䷓

여기서 무엇이 보이는가? 처음 괘상의 맨 윗층을 보라. 그리고 이어지는 괘상의 맨 아래를 보라. 서로 반대가 아닌가! 앞 괘상의 6층에 --이 있으면 다음 괘상의 1층에는 ―이 나타나는 것이다. 오직 이뿐이었다. 너무 쉬웠다. 그저 괘상의 맨 위쪽 효를 반대로 하여 아래쪽에 쓰면 되는 것이다. 예를 들어보자.

䷇

이 괘상은 맨 위쪽이 --이다. 그러므로 --을 ―으로 바꾸어 맨 아래쪽에 쓰는 것이다.

䷇ ↘ ䷆

단순하지 않은가! 나머지 효들은 한 층씩 밀려 올라가고 있을 뿐이다. 다른 변화는 없다. 괘상을 이어가보자.

䷆ ↘ ䷎ 　↘ ䷏ 　↘ ䷧ ……

이 과정을 계속하면 12번 만에 제자리로 돌아온다. 이것이 군주괘가 만들어진 과정이고, 잡괘라는 것도 똑같은 원리로 12개씩 짝을 지어 순환을 이루고 있었다. 이로써 속리산에서 죽겠다던 거창한 각오는 우습게 되어버렸다. 그래도 지금 생각해 보면 그 당시 순수한 결의가 대단했다고 느껴진다.

이제 모든 괘상을 정렬해 보자.

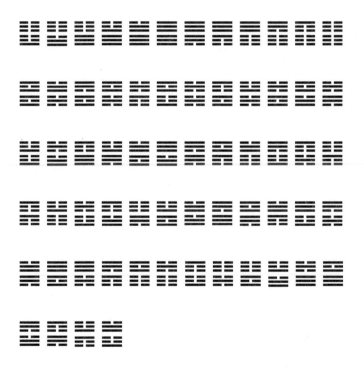

이상으로 6개 그룹을 다 망라했다. 주역의 괘상은 이렇듯

6개의 소속으로 다 분류된다. 각 소속은 저마다 특성을 가지고 있는데, 이로서 64괘 괘상을 해독하는 데 지침을 얻을 수 있다. 여기서 주목할 대목은 64개 괘상은 6개 소속으로 나뉘고, 각 소속은 순환한다는 것이다. 만물은 순환한다. 그리고 주역은 그것을 추적하고 있다.

또 하나 주목할 것은 4개의 원소를 갖는 작은 순환도 있다는 사실이다. 이는 괘상의 구조가 그렇게 되어 있다는 것뿐이지 특별할 것은 없다. 이 책은 주역의 기본을 다루고 있다. 이는 자연계의 가장 흔한 현상을 설명하고 있는 것이다. 위의 순환 괘상들은 주역을 공부하는 데 두고두고 필요한 체계니 반드시 숙지하고 넘어가야 한다.

그런데 옛사람은 순환 6개 중 1개만 발견하고 군주괘라고 이름 붙여놓았을 뿐이다. 그들은 그토록 간단한 원리를 보지 못한 것이다. 지난 3000년 동안 수많은 사람이 주역을 연구했는데 가장 기본이 되고 가장 쉬운 원리를 왜 보지 못한 것일까?

그들은 과학적 방법으로 주역을 분석하지 못했기 때문이다. 주역을 과학적 대상으로 본 것은 라이프니츠 이후였다. 지금은 전 세계의 과학자들이 주역을 연구하고 있지만 우리나라도 그 대열에 동참해야 할 것이다. 주역은 계속 이야기한 것처럼 인류 최대의 학문이기 때문이다.

순환으로
가득 찬 세상

다음 괘열은 4번 만에 제자리로 돌아오는 순환을 보여준다.

☷ ☳ ☵ ☶ → ☳

이 괘상의 뜻은 앞에서 이미 설명했다. 여기서는 이들이 순
환한다는 것에 주목하자. 이 괘열에서는 무엇이 보이는가?

☷ ↗ ☳ ↗ ☵ ↗ ☶

처음 괘의 아래 부분이 통째로 위로 올라가 다음 괘의 윗자

리에 놓인다. 또 보자.

이번에는 처음 괘의 윗부분이 통째로 아래로 내려오면서 반대가 되었다. 두 작업의 결과는 순환으로 이어진다. 이번에는 괘상을 쓰지 말고 괘상의 뜻만 적어보자.

보호 → 과보호 → 해방 → 방황

괘상을 보지 않고 뜻만 봐도 변화하는 틀을 알 수 있다. 하나의 성질이 점점 커지다가 반대가 되는 것이다. 이는 밤이 점점 깊어지다가 아침이 오고, 날이 점점 밝아오다가 어두워지고, 또다시 어둠이 점점 깊어지는 것처럼 뜻이 명료해진다.

사물은 극한에 이르면 반드시 변한다. 모든 것이 한계가 있다는 뜻이다. 똑같은 일이 영원할 수는 없다. 날씨도 계속 더워지다가 결국은 더위가 멈추고 추위가 찾아오기 시작한다. 그리고 추위가 점점 심해지면 종말을 맞이한다.

세상일은 다 이렇게 되어 있다. 인생도 이렇게 되어 있다. 탄생 → 성장 → 노화 → 죽음. 사물은 만들어지고 → 머물다가

→ 부서지고 → 소멸에 이르는 것이다. 이는 간단한 순환인데, 그 원소들은 4개가 된다. 다른 괘상의 순환을 보자.

䷒ → ䷓ → ䷗ → ䷖

이 괘열은 앞서의 괘열처럼 아래 괘상이 통째로 위로 올라가고 위의 괘상은 통째로 내려오면서 반대가 된 것이다. 괘상을 빼고 뜻만 간추려 표현보자.

양이 잔뜩 쌓임 → 음이 생김 → 음이 잔뜩 쌓임 → 양이 생김

여기서도 뜻이 변화하는 틀을 찾을 수가 있다. 사물은 나서 성장하고 무너지고 소멸하는 것으로, 이로써 순환을 이룬다. 그동안 우리는 하나의 괘상이 뜻을 함축하고 있다는 것을 공부했다. 여기서는 함축된 뜻이 점점 변해 순환을 이루는 것을 보고 있다. 하나만 더 살펴보자.

䷗ → ䷒ → ䷓ → ䷖

아래의 것은 그대로 올라가고 위의 것은 내려오면서 반대가

된 법칙을 그대로 사용한 것이다. 뜻을 보자.

바람이 불어 연이 올라간다 → 바람이 거세졌다 → 연이 내
려간다 → 땅바닥에 연이 떨어졌다

여기에 나타난 순환은 64괘 모두를 4개의 순환 원소들로 짝
지을 수 있다는 뜻인데, 결국 64괘를 16개 그룹으로 나눌 수 있
다는 의미다. 64괘가 모든 사물을 표상하기 때문이다. 방금 우리
는 4개의 원소를 가진 순환열 3그룹을 살펴봤다. 3그룹을 동시
에 집결시켜 보자.

여기서 무엇을 알 수 있는가? 다시 써보자.

① ② ③ ① ② ③ ① ② ③ ① ② ③

　이 괘열은 3개 그룹 원소를 차곡차곡 끼워놓은 것이다. 이 괘열은 무엇인가? 자세히 보라. 앞서 공부한 12개 순환체계와 같다. 여기에 적힌 괘상은 정밀하게 조금씩 변화한 것으로, 3조각으로 나뉠 수 있다. 4 + 4 + 4 → 12인데, 큰 순환은 작은 순환으로 다시 간추릴 수 있다는 뜻이다. 순환 속에는 순환이 들어 있다. 만물이 다 그렇게 되어 있는 것이다. 우리 주변을 살펴보면 그 어떠한 변화라도 주역의 순환에 일치하고, 또한 주역에서 표상한 괘열을 넘어설 수 없다는 것을 알게 될 것이다.

　이제 세상을 4개씩 짝지어 보는 방법과 그것을 더 정밀화하여 12개의 순환으로 보는 방법을 알게 되었다. 이는 모든 사물을 독립적으로 보지 말고 연계해서 봐야 한다는 것을 뜻한다. 모든 사물은 반드시 다른 것과 연계되어 있고, 또한 순환한다.

　사회이든, 생태계이든, 우리 몸이든, 운명이든, 역사이든, 그 어떤 것도 이런 방식으로 순환된다. 오늘 나에게 어떤 일이 일어났다면 그것은 반드시 다른 어떤 것과 연결되어 있으므로 그 뜻을 더욱 분명히 알 수 있다. 미래는 이런 식으로 찾아오는 것이다.

64괘의 뜻

64괘는 만물을 표상한 것으로 이를 다 알면 만물의 이치를 깨달을 수 있게 된다. 그렇다면 64괘의 뜻을 알아보자. 그러나 64괘를 자세히 설명할 수는 없다. 괘상은 함축성이 무한대이므로 여기서는 그 맛을 알 수 있을 정도로만 살펴보자. 하지만 여기서 설명한 괘상을 잘 음미한다면 주역의 극의(極意)도 알 수 있을 것이다.

▤ 곤위지(坤爲地)

물질, 그리고 땅.

▤ 지뢰복(地雷復)

기운이 생겨나고 있음.

를 지택림(地澤臨)

깊은 바다. 터전을 잡음.

를 지천태(地天泰)

만물의 시작, 빅뱅, 원목과 같은 것.

를 뇌천대장(雷天大壯)

당당한 세력, 혁명군.

를 택천쾌(澤天夬)

소인배가 지나치게 높은 곳에 이른 모습, 이미 내려올 때조
차 잃음.

를 건위천(乾爲天)

하늘, 시간, 우주의 원동력.

를 천풍구(天風姤)

온한 기운이 싹틈, 여인의 지나친 고집.

☰☶ 천산돈(天山遯)

하늘 아래 납작 엎드린 상태, 세상을 외면.

☰☷ 천지비(天地否)

교류가 끊긴 상태, 2가지 마음이 서로 자신만을 주장.

☴☷ 풍지관(風地觀)

관찰, 나그네의 여행.

☶☷ 산지박(山地剝)

외로운 지도자가 어리석은 백성을 이끔.

☶☶ 간위산(艮爲山)

산, 관우와 같은 믿음.

☳☷ 뇌지예(雷地豫)

땅이 진동하다, 혼란이 일어날 징조.

☲☳ 수뢰둔(水雷屯)

길 잃은 사냥꾼, 어린아이의 마음.

☶☱ 산택손(山澤損)

그릇에 뚜껑을 닫아놓은 상태, 조금씩 걷어서 자본을 마련.

☷☴ 지풍승(地風升)

공식 무대, 유연한 동작.

☳☲ 뇌화풍(雷火豊)

쌓여 있음, 암(癌), 짓밟음.

☱☱ 태위택(兌爲澤)

연못, 평화, 침착.

☴☰ 풍천소축(風天小畜)

김이 새고 있음, 낭비.

☲☴ 화풍정(火風鼎)

아름다운 결실, 결론.

☱☶ 택산함(澤山咸)

온기가 통함, 사랑.

☰☳ 천뢰무망(天雷无妄)

거대한 명령, 온 세상이 놀람.

☴☵ 풍수환(風水渙)

흩어짐, 절제가 없음.

☳☳ 진위뢰(震爲雷)

끊임없는 작용, 진화의 힘, 부지런함.

☵☱ 수택절(水澤節)

절제, 보호받는 아이, 호수의 물.

☶☰ 산천대축(山川大畜)

크게 저축함, 굳건한 믿음.

☲☰ 뇌풍항(雷風恒)

유행을 탐, 연이 높게 오름, 활동 개시.

☱☲ 택화혁(澤火革)

밝음이 갇혀 있음, 혁명의 징조, 답답한 어른.

☰☱ 천택리(天澤履)

지도자를 따름, 공개함.

☴☴ 손위풍(巽爲風)

바람이 사방으로 흩어짐, 여유, 해소.

☲☶ 화산려(火山旅)

여행, 틀이 없어짐.

☱☷ 택지췌(澤地萃)

얕은 연못, 텐트.

☴☳ 풍뢰익(風雷益)

땅을 일굼, 농사, 씨를 뿌림.

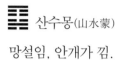 산수몽(山水蒙)

망설임, 안개가 낌.

▤ 지산겸(地山謙)

겸손, 화산의 기운이 도사림.

▤ 감위수(坎爲水)

물, 감정, 풍부함.

▤ 산화비(山火賁)

아름답게 형태를 갖춤, 풍만함.

▤ 뇌수해(雷水解)

험난으로부터 탈출함, 태어남.

▤ 수화기제(水火旣濟)

만사가 적절함, 잘 짜여 있음.

䷥ 화택규(火澤睽)

힘찬 전진, 고향을 떠남.

䷯ 수풍정(水風井)

새로움, 샘물, 흘러가는 구름.

䷝ 이위화(離爲火)

아름다움, 문명, 밝음.

䷮ 택수곤(澤水困)

텅 빈 마음, 갇혀 있음, 고갈.

䷤ 풍화가인(風火家人)

중심이 흔들리지 않음, 소속됨.

䷿ 화수미제(火水未濟)

엉망, 백수건달, 방향을 잃음.

䷦ 수산건(水山蹇)

안개 속에 갇힌 형국, 위축.

䷔ 화뢰서합(火雷噬嗑)

난관 돌파, 새로운 발견.

䷚ 산뢰이(山雷頤)

조금씩 커감, 부모 슬하에 있음.

䷆ 지수사(地水師)

잠복, 몰래 나쁜 짓을 함, 지하수.

䷣ 지화명이(地火明夷)

캄캄함, 이성을 잃음.

䷵ 뇌택귀매(雷澤歸妹)

귀소본능, 뛰어봤자 제자리.

䷄ 수천수(水天需)

기다림, 공급.

☲ 화천대유(火天大有)

위대함, 하늘 위의 태양.

☱ 택풍대과(澤風大過)

지나친 욕심, 지탱할 수 없음.

☰ 천화동인(天火同人)

진리를 추구함, 동지를 얻음.

☰ 천수송(天水訟)

어지러운 세상, 재판, 사필귀정(事必歸正).

☴ 풍산점(風山漸)

조금씩 자라남, 장구한 계획.

☲ 화지진(火地晋)

아침, 태양이 떠오름, 희망찬 전진.

☵ 수지비(水地比)

혈연, 동창생, 유유상종.

䷽ 뇌산소과(雷山小過)

쩨쩨함, 판이 깨짐.

䷐ 택뢰수(澤雷隨)

집에서 휴식, 피로가 회복됨.

䷼ 풍택중부(風澤中孚)

중용, 포부, 적당한 움직임.

䷑ 산풍고(山風蠱)

기초가 무너짐, 사고가 생김.

이상으로 64괘 전부를 살펴봤는데, 이들은 서로 가까이 또는 멀리 깊은 조직을 이루고 있다. 여기서 나열한 괘열은 점차적인 변화를 감추고 있다. 6개의 그룹을 이루고 있는데, 이와 같은 괘집단은 앞에서 이미 설명했다. 괘상은 자유롭게 깨닫는 대로 공부해도 되지만 여기서 보여준 것에서 맥락을 발견한다면 주역을 쉽게 통달할 수 있을 것이다.

하나의 괘상을 좀 더 깊게 설명하지 못한 점은 아쉽다. 하지만 괘상은 다른 책에도 많이 설명되어 있으니 폭넓게 공부하기를 당부한다. 주역의 괘상은 깊이도 중요하지만 많은 예를 이해함으로써 저절로 깊어질 수가 있다. 넓어야 깊어진다는 말은 주역 공부에서 가장 염두에 둬야 할 원칙이다.

괘상 속의
숨은 뜻

공자가 주역을 처음 접하고 크게 좋아했던 이유는 주역이 만물의 유형(類型)을 보여주기 때문이었다. 이는 만물의 존재형식이 유한하고 모든 것이 서로 연관되어 있다는 뜻인데, 이로써 공자는 만물의 뜻에 통달할 수 있었다. 공자는 아직 오지 않은 세상조차도 미리 알 수 있게 된 것이다.

그러나 공자는 그 시대를 살았기 때문에 주역의 무한한 효용을 다 보지는 못했다. 사람은 누구나 자기가 사는 시대가 있다. 그리고 주역은 살아가는 동안만 그 효용이 펼쳐지는 것이다. 주역은 영원하지만 사람은 삶의 시간이 한정되어 있다는 뜻이다. 아쉽기는 하지만 그래도 좋다. 우리는 주역을 통해 모든 상황을 미리 이해할 수 있다는 것에 만족해야 한다.

인생은 비록 짧지만 주역을 통해 영원을 살 수도 있다. 과거도 현재도 그리고 미래도 하나의 섭리로 통해 있다면 그 모든 것을 통달하는 순간 영원을 산 것이 아닌가! 우리가 주역을 공부하고 그 안에 갖추어진 교훈을 받아들이면 영원한 시대의 모든 교훈을 다 깨닫게 된 것이 아닐 수 없다.

주역은 그 어느 곳에도 활용할 수 있다. 의학이든, 병법이든, 음악이든, 명상이든, 과학이든, 무술이든, 심리학이든 어디에도 가능한 것이다. 그러나 우리는 인생을 살아가는 데 필요한 보편적인 교훈을 우선적으로 얻을 수 있다. 이는 인격을 향상하는 데 필요한 것이다.

여기서는 주역의 괘상 몇 가지를 선택하여 그 뜻을 활용해 볼 것이다.

☰ 화천대유(火天大有)를 보자. 이는 위대함을 상징하는데, 우리 주변에 위대한 사람이 얼마나 많은가. 공자나 소크라테스 같은 성인은 물론이고, 알버트 아인슈타인, 닐스 보어, 칼 융, 토머스 에디슨, 에이브러햄 링컨, 루트비히 판 베토벤, 볼프강 아마데우스 모차르트, 파블로 피카소, 김소월, 세종대왕, 펠레, 메

시, 김연아, 백남준 등 위대한 사람은 얼마든지 있다.

그들은 하늘의 태양처럼 빛나는 존재다. 우리가 ䷀ 괘상을 보고 얻을 것은 위대함을 존경하고 우리 자신도 그 어떠한 위대함을 성취하여야 한다는 것이다. 하늘에 태양이 떠 있다는 것이 ䷀ 괘상이지만 우리는 여기서 태양 같은 존재가 세상에 참으로 많다는 것을 음미할 수 있다.

우리의 목표는 무엇인가? 돈인가? 명예인가? 가족인가? 또는 세상에 큰 이익을 주기 위함인가? 위대함이란 그리 거창하지 않아도 좋다. 뜻이 위대하면 그 또한 위대한 것이다. 오스트레일리아의 닉 부이치치(Nick Vujicic)는 사지(四肢)가 없다. 그런데도 인생을 행복하게 살아가고 있다. 그는 그런 몸을 가지고도 삶을 포기하지 않고 몸이 아닌 더 위대한 가치를 실현하고자 했다. 그의 삶은 순간순간이 위대하다. 인생이란 성공해야만 위대한 것은 아니다. 숭고한 정신을 가지고 목표에 도전할 수 있는 자체로서 이미 위대한 것이다.

䷈ 풍천소축(風天小畜)을 보자. 이는 말이 많고, 자기 노출이 심하고, 자제력이 없는 것을 보여준다. 속된 말로 김이 새고 있다는 뜻인데, 사람이 말이 많으면 영혼의 기운이 탕진된다. 자기 노출이 많고 자제력이 없는 것도 마찬가지다. 사람은 영혼의 기

운을 보존해야 한다. 길에다 줄줄 흘리고 다니면 인생을 낭비하는 게 된다.

사람은 반드시 말을 적게 해야 한다. 자기 노출도 심하면 안 된다. 세상에 사람이 많은데 어째서 나 혼자 떠들고 나만 바라보게 해야 하는가? ☴ 괘상은 새고 있다는 뜻인데, 이는 크게 경계할 일이다. 세상에서 무엇을 얻고자 한다면 새는 것부터 막아야 할 것이다.

☱ 택풍대과(澤風大過)를 보자. 이 괘상은 지나친 행위를 뜻하는데, 과도한 욕심, 지나친 행동, 과도한 소유 등을 나타낸다. 무의미한 꿈도 이와 같은데, 옛말에 "오르지 못할 나무 쳐다보지도 말라"고 한 것도 같은 뜻이다. 공무원이 뇌물을 받거나 당치 않은 여자를 탐내는 것도 마찬가지다. 술을 지나치게 많이 먹어 위장이 곧 사고가 나는 것도 ☱이다.

사람은 해서 안 될 일이 분명히 있다. 아무리 궁색해도 남의 재산을 빼앗거나 훔쳐서는 안 된다. 수많은 사람이 잘못된 길을 가는 것을 보면 그 모두 분수를 모르기 때문이었다는 것을 알 수 있다. 욕심이 너무 적으면 의지박약, 너무 많으면 과욕이다.

진시황은 영원히 살고자 했는데, 이는 분명 과욕이다. 어떤 대통령은 법을 고쳐서라도 그 직위에 더 있고자 했는데, 이것도 과욕이었다. 인생은 열심히 목표에 도전해야 하는 것이지만, 어떤 일에 대해 과감히 체념하는 것도 도전 못지않게 필요하다. 체념을 두려워해서는 안 된다.

어린아이들은 자기가 한번 하고 싶으면 누가 말려도 고집을 꺾지 못하고 무리한 행동을 한다. 과감한 체념은 반드시 갖추어야 할 덕목이 아닐 수 없다. 공자는 이렇게 말했다.

"충심으로 타일러 선한 길로 이끌되 하다가 안 되면 그만두어 스스로를 욕되게 하지 말아야 한다(忠告而善道之 不可則止 毋自辱焉)."

즉 하다가 안 되면 그만둔다는 것이다. 불굴의 신념이란 어느 정도 가능성을 보고 덤비라는 것이지 무작정 마음만 앞서면 이는 시작부터가 옹졸한 것이다. 공자는 맨몸으로 호랑이에게 달려드는 것, 맨몸으로 바다를 건너겠다는 것은 용기가 아니라고 말했다. 체념을 잘하면 마음이 평화로워지고, 과욕은 반드시 후회를 낳는 법이다.

☷ 지산겸(地山謙)은 자세를 낮추라는 뜻으로, 땅 아래 화산의 기운을 비축하고 있는 모습이다. 겸손은 비굴과는 완전히 다른 개념이다. 오만은 겸손의 반대인데, 이는 용기도 아니고 총명도 아니다. 사람이 자세를 낮추는 것은 남의 위대함을 살피는 행

위다. 무턱대고 나서는 사람은 세상을 모르는 철부지에 지나지 않는다.

또한 겸손을 모르는 사람은 남의 권리를 쉽게 짓밟는다. 넓은 세상에 나가 겸손 하나만 지켜도 그는 호평을 받을 것이다. 세상에서 제일 보기 싫은 것이 겸손을 모르는 행위이다. 우리나라 속담에 "빈 수레가 요란하다"는 말이 있는데, 이는 겸손을 모르는 사람이 떠들어 대는 것을 풍자한 것이다. 인간의 모든 예절은 겸손으로부터 시작된다는 것을 잊지 말아야 한다.

☰ 천풍구(天風姤)는 저 혼자 고집을 피우는 형상을 보여준다. 공연한 반대가 바로 이것이다. 사회생활을 하다 보면 이상한 행동을 하는 사람이 있는데, 그는 남과 화합을 이루지 못한다. 세상은 크게 불편하지 않으면 남을 따르는 것이 좋다. 남은 저 멀리 절벽 아래를 감상하고 있는데 저 혼자 꽃나무를 바라보고 있다면 이는 순리에 맞지 않다. 절벽을 바라보면 경치를 보는 척이라도 해야 한다.

옛말에 '역풍(逆風)'이란 말이 있다. 이는 공연히 반대 흐름으로 가고자 하는 것으로, 좋은 의미가 아니다. 갑자기 잘난 척하는 것도 역행, 역풍에 해당되는데 옛사람은 이를 심히 경계했다. "화살을 맞을지언정 역풍을 맞아서는 안 된다"고 할 정도였다.

"가만히 있으면 중간은 간다"는 말도 있는데, 웬만하면 튀는 행동을 하지 말라는 것이다. 슬쩍 비틀어봤다가는 사소한 것일지라도 화합을 해칠 수 있다. 사소한 역행도 큰 사건을 초래하는 징조가 될 수 있다. 또 남이 말하고 있을 때 항상 다른 곳을 쳐다보는 사람이 있는데, 이런 사람은 예의도 없고, 사랑도 없고, 신의도 없는 자다.

좋은 게 좋다는 말, 순리대로 하자는 말, 이해하라는 말 등이 모두 역행하지 말라는 뜻이다. 많은 사람이 좋아하면 나도 좋은 척해도 된다. 굳이 내 마음을 드러내 흥을 깨서는 안 된다는 것이다. 돌출행동은 바보가 흔히 저지르는 이상한 행동일 뿐이다. 다 된 밥에 재를 뿌리는 행위는 세상을 크게 어지럽게 하는 뜻이 담겨 있다. 아주 흉한 것은 물론이다.

▤ 천화동인(天火同人)은 최고 가치를 향해 나아가라는 뜻이다. 여기에는 속물이 되지 말라는 뜻도 담겨 있다. 인생은 왜 사는가, 또는 어떻게 살아야 하는가 등은 한번쯤이라도 생각해 봐야 하는 문제다. 소크라테스가 "너 자신을 알라"고 한 것은 우리 자신이 향하는 바를 잘 알라는 뜻도 포함되어 있다.

우리가 일생을 통해 추구하려는 바가 크게 가치 없는 일일 수도 있다. 그러므로 '나는 무엇을 향해 가는가?'를 우리는 항상 알고 있어야 한다. 공자는 아침에 도를 깨달으면 저녁에 죽어도 좋다고 말했다. 이는 향하는 바가 가치 있어야 한다는 뜻이다. 괘상 ䷄은 사람(☳)이 최고가치(☰)로 향해 가는 모습을 보여준다.

䷴ 풍산점(風山漸)은 작은 실천이 시작되고 있음을 보여준다. 산 위에 부는 바람이 어느 세월에 산을 다 옮기겠는가? 하지만 작은 실천은 먼 훗날 산을 옮긴 것과 같은 결과를 가져오는 법이다. 우리는 30년 앞날을 위해 구체적으로 해나가는 일이 있는가? 대개는 먼 훗날의 일은 그때 가서 하면 된다는 생각을 가지고 있다. 지금은 더 급한 일이 있으니 잠시 미뤄둘 뿐이라는 것인데, 이는 크게 잘못된 것이다.

나는 70세를 바라보는 나이인데, 50년 전부터 준비하면서 지금에 이르렀다. 10년 전쯤부터 준비했다면 늦을 뻔한 일이었다. 20년 전에 했어도 마찬가지다. 세상에는 아주 오랫동안 준비해야 할 일이 있는 것이다.

아이를 기르는 사람은 누구나 알겠지만 사람은 초등학교에 들어가기 전부터 가르쳐야 할 것이 있다. 그것은 먼 훗날 반드시 필요한 것이다. 마흔이 넘어서는 죽음을 준비해 두어도 빠르지 않다. 무엇을 하다가 죽을 것인가? 죽는 날에 이르러 나는 무엇을 성취하고 떠날 것인가? 내가 살았던 역사는 얼마나 가치 있는 일인가? 생각하고 실천할 것은 참으로 많다.

나는 어떤 공부를 하루 5분 정도 한 것이 있는데 오랜 세월이 지나다 보니 그 분야에서 크게 성취를 이룰 수 있었다. 그런데 나는 5분이라는 시간을 너무 많이 투자한 것이라고 후에 생각했다. 하루 1분이 50년 쌓이면 엄청난 힘을 발휘하기도 한다. 저축이란 것도 쌓이면 힘을 발휘하는 것 중 하나다.

조금씩 해 나아가 크게 성취할 수 있는 것을 찾아보라. 인생이 아주 길다는 것을 느끼게 될 것이다. 예를 들어 하루 1분씩 영어 문장 하나를 외우면 30년 후에 어떻게 될까? 그는 아마 영어를 자유롭게 구사할 수 있는 사람이 될 것이다. 하루 몇 줄씩 틈틈이 한 분야의 책을 읽으면서 오랜 세월을 지내면 어느새 그는 그 분야의 전문가가 되어 있을 것이다. 산에 가서 울창한 숲을 보면서 오래전 일을 생각해 보라. 몇십 년 전, 몇 년 전 심어놓은 작은 나무들이 숲을 이루고 있는 것이다.

☶은 산 위의 바람을 표현한 것인데, 아주 작은 일이 시작되고 있음을 보여준다. 천리 길도 한 걸음부터라는 말이 있고, 티끌 모아 태산이라는 말도 있다. 작은 행위가 맺는 큰 결실을 절대로 간과해서는 안 된다.

☷☱ 지택림(地澤臨)은 연못이 땅 아래에 자리 잡고 있는 괘상으로, 깊음을 의미한다. 우리는 깊은 사람인가? 뻔한 사람이 있다. 겉에 나타난 것 외에 더 볼 것이 없는 사람을 일컫는다. 옛말에 "열 길 물속은 알아도 한 길 사람 마음속을 알 수 없다"고 했는데, 마음이란 원래 알 수 없는 것이지만 깊이가 있는 사람은 더욱 알기 힘들다.

흔히 측량할 수 없는 깊이를 가진 사람이란 말이 있는데, 이런 사람은 필경 위대한 사람일 것이다. 심연의 깊음, 우리는 이것을 본받아야 한다. 그런데 세상에는 얕은 사람이 너무나 많다. 소위 말하는 '속물'은 깊지 못한 사람을 뜻하고, 또한 향하는 바가 지나치게 본능적인 사람을 말한다. 이런 사람은 당연히 깊을 수가 없다. 속에 담아놓은 것도 없다. 도인들은 수련을 통해 마음을 깊게 만들어가고 있는데, 마음이 깊으면 사물을 깊게 통찰할 수 있으며 요동도 하지 않는다. 명상이란 마음을 가라앉히는 수련을 말함인데, 다름 아닌 깊게 만드는 수련이다.

세상이란 겉으로 보이는 게 전부는 아니다. 그 속에는 많은 뜻이 잠재되어 있다. 사람이 얕으면 뻔한 것만 보이게 마련이다. 사람이 수련을 통해 한없이 깊어지면 천지의 근원과도 합일될 수 있다. 공자가 평생 추구했던 것이 바로 그것이다.

우리는 사회에서 많은 사람을 접하고 사는데, 깊이 있는 사람을 종종 볼 수 있다. 나 자신은 남에게 어떻게 보일까? 실제로 나는 깊은 사람인가? 깊은 연못, 또는 깊은 바다를 보면서 마음을 새로이 가다듬어야 할 것이다. 대자연에는 깊은 섭리가 내재되어 있는데, 그것은 깊은 사람에게 보이는 법이다. 인간의 값어치라는 것은 그 깊이에 따라 달라진다. 속이 얕은 사람은 변하기도 잘하고 행동에 뜻이 적다. 따라서 믿을 수 없는 사람인 것이다.

☶☳ 산뢰이(山雷頤)는 산 아래에서 우레가 진동하는 형상이다. 보이지 않는 곳에서 꾸준히 자라는 것이다. 어린 시절 우리 몸이 그랬다. 몸은 매일매일 자라나지만 겉으로는 크게 표가 나지 않는다. 아주 조금씩 자라나기 때문이다. 인격을 닦는 것도 이와 비슷하다. 흔들리지 않고(☶) 그 안에서 좋은 실천을 계속(☳)하는 것이다.

사람은 하루아침에 만들어지지 않는다. 오랜 세월 꾸준히 노력해야 결실이 생기는 법이다. 자신의 행동을 공연히 겉으로 드러낼 필요는 없다. 묵묵히 속으로 행하면 되는 것이다. 내가 성장 중이란 것을 남에게 자랑해야 하는가. 예부터 위대한 사람은 보이지 않는 가운데 꾸준히 성장해 왔던 것이다.

보이지 않는 곳에서 움직인다는 것은 드러내서 움직이는 것

270

과는 많은 차이가 있다. 일부러 두각을 나타낼 필요가 없다. 대중 앞에서도 자기를 내보이지 않고 옳은 자세(☷)를 유지하고 있으면 된다. 대체로 밖으로 행동을 드러내 보이는 것은 오래가지 못한다. 묵묵한 것이 오래가는 법이다.

☷ 수지비(水地比)는 개인적인 삶을 상징하는 괘상이다. 본능에 따르고 가족에게만 뜻을 부여하는 사람의 모습이다. 인간은 태어나서부터 정해진 자기 본능에 따라 일생을 살아가는데, 이는 사는 게 아니다. 살아진다고 하는 것이다. 식물인간과도 같다. 모름지기 인생이란 향하는 바가 대자연의 큰 뜻과 합치해야 한다. 저만의 세계에 빠져서는 안 된다.

인간은 무엇이어야 하는가? 이것을 생각해 봐야 한다. 식물처럼 그저 존재할 뿐이라면 인생이 아깝다. 또한 나의 존재는 남에게 의미가 없게 된다. 역사적으로 위대한 사람을 보라. 그들은 남에게 무엇인가 기여하며 살았던 것이다.

예부터 성인(聖人)은 자기 자신에게서 벗어날 것을 가르쳐왔다. 인간에게는 영성(靈性), 즉 천(天)의 성품이 있으므로 이를 활용하여 새로움, 자유로움으로 나아가야 한다. 저만 생각하는 존재, 본능대로만 사는 존재, 사적인 존재, 특별한 포부 없이 그냥 삶 자체를 즐기는 존재 등은 꼭 인간으로 태어날 필요가 없었다.

인간이란 반드시 공적인 의미가 있어야 하지 않은가.

프로이드는 "인간의 모든 행위는 번식과 양육만을 위한 것"이라고 말했다. 실제로 그런가? 소크라테스도 번식과 양육만을 위해 살았던가? 공자의 일생은 자식을 낳고 기르기 위함이었던가? 나의 인생도 번식과 양육 외에 다른 뜻은 없었던가? 삶의 목표는 번식과 양육이 절대 아니다. 그 외에 무언가가 있어야 하는 것이다.

☰ 화풍정(火風鼎)은 한 송이 꽃과 같은 결실을 상징한다. 우리는 살면서 무엇을 이룰 것인가? 내 집 마련인가? 국회의원이 되어 권력을 쥐는 것인가? 유명한 사람이 되는 것인가? 박사가 되는 것인가? 금메달을 따는 것인가? 다 좋다. 인간은 목표의식이 뚜렷해야 한다. 이왕이면 아주 아름다운 것이 좋지 않겠는가. 그저 돈만 벌어 잘 먹고 잘 살겠다고 하는 것은 아름다운 목표는 아니다.

목표. 이것이 인생에서 가장 중요하다. 자연에 핀 아름다운 꽃들은 목표를 완수했다. 식물은 아름다움을 꽃피우기 위해 힘들게 힘들게 견디며 살아왔던 것이다. 우리는 무엇을 완수하기 위해 살고 있는가?

행복? 행복은 인생의 목표가 될 수 없다. 개나 고양이, 개구

리도 행복이 삶의 이유이다. 그들은 행복을 향해 움직인다. 행복이란 그저 본능의 목표일 뿐이다. 사람은 그 이상의 무엇이 있어야 한다. 꽃을 바라보며 생각해 보자. 저 아름다운 꽃. 나의 인생에는 남이 보기에 아름다운 것이 있는가? 인생의 끝은 한 송이 꽃처럼 별처럼 위대하고 아름다워야 하는 것이다.

이상으로 주역의 괘상을 인생에 적용하는 몇 가지 실례를 살펴보았다. 주역은 무수히 많은 교훈을 간직하고 있다. 우리는 주역에서 최고 지혜를 배우는 한편, 그것에서 얻어지는 교훈을 우리 인생에 적극 도입해야 한다. 그것이 주역 공부하는 보람이고 또한 즐거움이다.

각자에게 걸맞은
삶을 위해

우리 모두는 보편적이고 끝없는 저 하늘로부터 각자 태어났다. 그러고는 주어진 숙명대로 살아가고 있다. 그것이 바로 인생이다. 인생이란 하늘이 만들어낸 세계에 참여하는 행위일 뿐이다. 우리는 여기서 어떻게 살아야 할 것인가를 생각해 봐야 한다. 그저 아무렇게나 본능을 따라 즐거운 대로 살면 이는 식물인간이나 다름없으므로 인생이 너무 아깝다. 우리는 만물의 영장으로 태어났으므로 그에 걸맞은 삶을 영위해야 하지 않겠는가.

인생에 갖추어야 할 것은 무엇일까? 우선 하늘의 섭리와 함께해야 할 것이다. 그다음은? 세상에 이로운 존재가 되어야 할 것이다. 그다음은? 열심히 행복하게 살면 된다. 큰 도리와 합치고, 세상에 참여하여 남을 돕고, 그리고 나서라면 마음껏 살아도 되지 않겠는가.

이제 이 책을 마무리할 때가 된 것 같다. 아쉬움이 남는다. 이 책은 주역을 소개하기 위해 썼는데, 충분하지 못한 점이 안타깝다. 하지만 이제 주역의 보다 깊은 내용은 혼자 찾아 갈 수도 있을 것이다. 세상에 주역을 배울 방법은 찾아보면 많이 있다.

내가 끝으로 강조하고자 하는 것은 주역을 모르고는 인생을 알 수 없다는 것뿐이다. 만물의 뜻을 모르고서 어찌 살았다고 할 수 있을 것인가. 독자 여러분들이 언제나 행복하고 주역 공부의 깊이가 한없이 깊어지기를 기원한다.

천진도관에서

초운 김승호

마흔에 혼자 읽는

주역 인문학 기초 원리 편

초판　1쇄 발행 2015년 10월　5일
초판　21쇄 발행 2022년　2월 24일

개정판　1쇄 발행 2023년　4월 12일

지은이 김승호
펴낸이 김선식

경영총괄 김은영
콘텐츠사업본부장 임보윤
책임편집 김민경 **책임마케터** 배한진
콘텐츠개발8팀 김상영, 강대건, 김민경
편집관리팀 조세현, 백설희 **저작권팀** 한승빈, 이슬
마케팅본부장 권장규 **마케팅3팀** 권오권, 배한진
미디어홍보본부장 정명찬
브랜드관리팀 안지혜, 오수미
크리에이티브팀 임유나, 박지수, 변승주, 김화정
뉴미디어팀 김민정, 이지은, 홍수경, 서가을
지식교양팀 이수인, 염아라, 김혜원, 석찬미, 백지은
디자인파트 김은지, 이소영 **유튜브파트** 송현석, 박장미
재무관리팀 하미선, 윤이경, 김재경, 안혜선, 이보람
인사총무팀 강미숙, 김혜진, 지석배, 박예찬, 황종원
제작관리팀 이소현, 최완규, 이지우, 김소영, 김진경, 양지환
물류관리팀 김형기, 김선진, 한유현, 전태환, 전태연, 양문현, 최창우

펴낸곳 다산북스 **출판등록** 2005년 12월 23일 제313-2005-00277호
주소 경기도 파주시 회동길 490
전화 02-702-1724 **팩스** 02-703-2219 **이메일** dasanbooks@dasanbooks.com
홈페이지 www.dasanbooks.com **블로그** blog.naver.com/dasan_books
용지 신승지류 **인쇄** 북토리 **코팅 및 후가공** 제이오엘엔피 **제본** 다온바인텍

ISBN 979-11-306-9911-0 (04140)
　　　979-11-306-4217-8 (세트)

다산북스(DASANBOOKS)는 독자 여러분의 책에 관한 아이디어와 원고 투고를 기쁜 마음으로 기다리고 있습니다.
책 출간을 원하는 아이디어가 있으신 분은 이메일 dasanbooks@dasanbooks.com 또는 다산북스 홈페이지
'투고원고'란으로 간단한 개요와 취지, 연락처 등을 보내주세요. 머뭇거리지 말고 문을 두드리세요.